中南财经政法大学产业升级与区域金融湖北省协
教育部首批银行管理课程虚拟教研室研究项目

中小银行数字化转型
——逻辑与实践

王 炯 著

中国金融出版社

责任编辑：刘　钊
责任校对：刘　明
责任印制：陈晓川

图书在版编目（CIP）数据

中小银行数字化转型：逻辑与实践／王炯著 .—北京：中国金融出版社，2023.8

ISBN 978-7-5220-2012-9

Ⅰ.①中… Ⅱ.①王… Ⅲ.①银行业务—信息化—研究 Ⅳ.①F830.49

中国国家版本馆 CIP 数据核字（2023）第 085733 号

中小银行数字化转型：逻辑与实践

ZHONG XIAO YINHANG SHUZIHUA ZHUANXING：LUOJI YU SHIJIAN

出版
发行　中国金融出版社

社址　北京市丰台区益泽路 2 号
市场开发部　（010）66024766，63805472，63439533（传真）
网上书店　www.cfph.cn
　　　　　　（010）66024766，63372837（传真）
读者服务部　（010）66070833，62568380
邮编　100071
经销　新华书店
印刷　保利达印务有限公司
尺寸　169 毫米×239 毫米
印张　14.5
字数　236 千
版次　2023 年 8 月第 1 版
印次　2023 年 8 月第 1 次印刷
定价　60.00 元
ISBN 978-7-5220-2012-9
如出现印装错误本社负责调换　联系电话（010）63263947

序　言

在数字经济时代，商业银行经营环境发生了重大变化，利率市场化、服务线上化数字化、业务普惠化、客户全谱化成为银行服务新的特征，而传统依托网点经营获客、依托息差收入盈利、依托客户活动运营、依托微笑服务留客的经营模式举步维艰。与此同时，数字化能够有效提升商业银行的服务能力，适应数字时代客户行为的变化，进而带来巨大的发展空间，也被越来越多的商业银行认可。因此，我国商业银行纷纷启动数字化转型战略，推动实现业务模式、组织结构、管理方式的转换。而中小商业银行由于规模普遍较小、管理相对薄弱等客观原因，进行数字化转型，寻求发展模式的突破，也变得更加重要，因此，研究探索中小商业银行的数字化转型具有很强的理论和现实意义。

2014年，笔者从股份制银行到城市商业银行工作，亲身经历了中小商业银行数字化转型探索的过程，参与了所服务银行的数字化转型战略规划和落地方案的设计，也推动了方案的实施，深刻体会到其中酸甜苦辣诸般滋味。可喜的是，在志同道合的同道们倾情努力下，中小商业银行的数字化转型从点点星火渐成滚滚的时代潮流，也为中小商业银行跟上时代的节奏和发展壮大作出了积极努力。

数字化转型是一个系统工程，涉及银行发展战略、业务模式、组织管理、技术能力、人才队伍等方面，每个方面对转型都有影响。每家银行也都有自身特点，在转型的过程中，首先需要确定转型的目标，然后结合实际情况明确转型的路径，所以每家银行都会有自己的模式，每种模式也都有其合理性和现实意义。

本书汇聚了笔者在所服务银行实施转型过程中的思考和经验，有些章节核心内容来自转型过程中一些项目的研究报告，凝结了很多人的智慧和付出。全书分为六章，分别从不同的维度探讨中小银行数字化转型的思路以及实现路径，以期有助于当下中小银行数字化转型工作。第一章主要介绍中小银行数字化转型的思路与实现路径，展现一个相对清晰完整的数字化转型实施方案。第二章是关于数字化转型背景下商业银行架构重塑的思考，分析了商业银行重塑总体、技术、数据、业务、风险管理、组织、资源配置等架构的具体设计思路。第三章和第四章分别从商业银行如何应用数字化改进甚至重建资产负债管理和风险管理模式方面进行剖析。第五章介绍了中小商业银行的数字化转型故事，生动还原了一些实际探索。第六章是对商业银行数字化转型新阶段的特征及演进方向的分析，展示更多的可能性。

数字化转型是阶段性的工作，全面数字化之后，就不再有转型的概念了，但技术在变，环境在变，监管在变，银行的经营管理逻辑也会发生变化，从这个意义上讲，银行永远在转型，所以数字化转型所体现的突破自我、勇于改革精神也将一直具有启迪意义。作为一个银行人，笔者诚挚期盼数字化转型探索能够助力中小商业银行竞争力的培育和中国金融改革的推进。

目　录

第一章
中小银行数字化转型的思考与实现路径

第一节　绪　论

近年来，以互联网为代表的信息革命席卷全球。作为信息革命的伴生产物，数字正成为社会变革的催化剂，大数据、云计算、人工智能、区块链、物联网等数字技术加速向各领域广泛渗透，各行各业也以数据资源为重要生产要素，重新定义业务模式及服务体验，新产品、新业务、新模式、新业态不断涌现。这提高了资源利用效率，降低了资源匹配成本，培育了新的增长点，数字经济已经成为我国经济增长的重要驱动力。

互联网的本质是提供信息，在经济领域，进一步衍生出以下功能：一是实现基于互联网的需求匹配，激发潜在需求；二是拉近时空距离，降低成本，提高信息流、物流、资金流传播的效率；三是有助于建立信用体系，解决金融领域信息不对称问题。正是基于这些原因，我国积极推进"互联网+"社会发展，互联网红利和数字红利得以释放。互联网在快速发展的过程中，产生了海量的数据。而依托大数据的方法、新的信用洞见方式，如"交易即信用""社交即信用"等多维度的信用属性数据，对用户进行信用画像，比传统商业银行依托财务报表、收入证明等方式判断信用，更加真实有效，覆盖面更广。在这一商业逻辑的指引下，许多互联网公司纷纷加入网贷行业，同时，支付宝、微信支付等众多第三方支付机构也纷纷诞生，传统商业银行的职能逐步去银行化。

在这种背景下，传统商业银行必须顺势而为，主动拥抱变化，做好向数字化转型的战略布局，否则，银行将如"21世纪的恐龙"一般走进历史。商业银行的数字化转型，就是利用先进的数字技术手段充分挖掘数字价值，使数据成为决策和驱动业务的核心要素，同时在体制机制、运行模式和发展战略等方面进行大范围的动态调整和创新，将旧的发展模式转变为符合未来发展要求的新模式。

数字化转型成败的关键，是能否将互联网基因移植到商业银行中来，其中障碍也是不小的：一方面，传统银行保守的经营理念和互联网快速迭代的发展理念存在很大冲突；另一方面，传统银行纷繁复杂的运作体系需要抽丝剥茧般地逐层进行改造。同时，智慧的"大脑"也需要敏捷的组织相互配合，这样才能形成战斗力，这对不少商业银行来说将是巨大的挑战。笔者结合国内外商业银行及互联网企业的实践经验，对商业银行数字化转型的路径进行探讨，为全国商业银行尤其是中小商业银行提供参考。

第二节　商业银行数字化转型的必要性及现实条件

随着金融改革的不断推进，我国利率市场化程度日益加深，加上近年来国际经济危机及我国经济结构"去、降、补"带来的行业阵痛，倒逼商业银行告别传统发展模式。我国金融供给和需求之间不平衡不充分的矛盾日益突出，各项金融政策也在推进商业银行向更高质量、更普惠的方向转型。与此同时，我国经济迈入以互联网和信息技术为驱动的信息经济时代，各行各业重塑商业生态，国家在政策层面积极引导扶持，数字红利持续释放，以人工智能、大数据、区块链、云计算为主的科技力量成为新时代金融创新的引擎，突破了因服务成本高昂、服务手段匮乏形成的发展瓶颈，原本银行不重视、不大待见的零售、大众客群、小微企业客群，如今成为市场争夺的焦点，商业银行进入移动化、智能化、普惠化、生态化、集约化的新时代。

一、商业银行数字化转型的必要性

（一）数字经济转型带来广泛而深刻的社会变革

改革开放以来，我国经济经历 40 多年的快速发展，创造了举世瞩目的发展奇迹。但近年来，我国经济增速持续下滑，主要原因是我国传统制造业和房地产业的拉动作用明显下降，传统制造业技术含量低、耗能高、投入大，面临产能过剩、杠杆率过高、环境承载力有限、劳动力开始短缺的发展瓶颈，资本投入回报率持续下降。在传统的增长模式已经失灵的当下，中国经济急需寻找新的动力源泉。2015 年 11 月，中央提出实施供给侧结构性改革，开始了"三去一降一补"的转变过程，其目的就在于通过经济的新旧动能转换，大力挖掘新经济潜能，培育发展内生动力。

新经济是以电子商务、共享经济、新零售、教育、养老、智能制造等为代表的科技信息技术驱动下的创新经济模式。我国具有新经济快速发展的条件，这得益于较高的信息化程度。中国互联网络信息中心《中国互联网网络发展状况统计报告（2022）》显示，截至 2021 年底，我国网民规模达 10.32

亿，较 2020 年底增长 4296 万，互联网普及率达 73%。报告也表明，我国在信息通信网络建设方面也取得积极进展，正全面推进"5G+工业互联网"产业发展，加快建设数字政府，助力推动国家治理现代化（见表 1.1）。

表 1.1 新旧经济的区别

类别	旧经济	新经济
经济形态	以制造业为基础的"传统工业经济形态"	以信息技术为基石的"新的科技经济形态"
核心产业	第二产业	兼容并包第一、第二、第三产业
中心活动	生产活动	研发与服务
经济周期	扩张与收缩周期明显	扩张期超长，可持续发展
发展战略	高收入、高耗能、粗放式发展	高人力资本、高科学技术投入、集约型发展
经济目标实现状况	物价、失业率、经济增长、国际收支平衡四大宏观经济目标难以同时实现	低通胀与低失业率并存，低财政赤字

资料来源：安信证券研究所、Wind。

信息科技的影响是全面深入的，特别是由于大量生产生活的信息化，创造了新的经济资源——数据。原本数据的用途是记账和统计，但数据信息量小，价值不受重视。随着大量数据被记录，数据的价值逐步显现，利用大数据的方式，许多商业规律被发掘出来，使生产者能更清楚地了解客户，打破原有信息沟通低效、信息不对称的局面，生产者能直面终端客户需求，使生产计划更具科学性，大量潜在消费能力得到满足，去除了传统经济中制造—渠道—零售—消费链条的大量中间环节，降低了运行成本，促进了新经济的发展。

（二）金融改革促进银行服务模式发生巨大变化

受益于中国经济的持续快速增长和经济体制深层次的改革成果，中国银行业度过了 2004—2013 年的十年黄金发展期，银行业净利润的增长速度保持在两位数以上。2013 年，中国人民银行逐步放开金融机构利率管制，利率市场化向纵深加速推进，存款竞争日益激烈，资金的价值得到重新定义。在利率市场化、全球经济复苏缓慢和我国经济结构调整的背景下，商业银行吸收居民存款、"放杠杆""垒大户"的传统经营模式所导致的金融资源配置问题逐步暴露，2013 年以后我国商业银行净利润增速下滑明显（见图 1.1和图 1.2）。

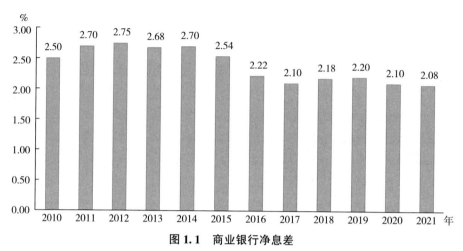

图 1.1　商业银行净息差

（资料来源：Wind）

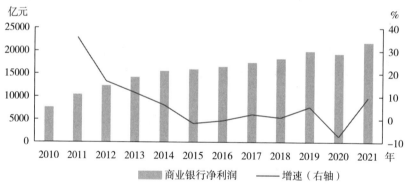

图 1.2　商业银行净利润及增速

（资料来源：Wind）

　　金融改革是我国经济改革的深水区，经济结构与商业银行的信贷投向有重要关系。中国经济持续发展需要有效激发社会创新活力，需要更有活力、低成本、普惠化的金融支持，许多企业和个人纷纷选择直接融资和互联网金融作为融资渠道，传统融资逐步去银行化：一是中小板、创业板、新三板的相继推出为中小企业搭建了规范的市场资金融通平台，能够满足多数企业通过上市进行融资的需求，股票市场与债券市场双轮驱动让企业可以绕过银行媒介进行资金融通，加速了金融脱媒的步伐；二是以第三方支付、余额宝、P2P、众筹等为代表的互联网金融借助大数据，转变了以往依赖物理网点规模扩张和运用人海战术营销的中介运营模式，凭借优秀的客户体验和低廉的运营成本，实现了直接面向市场的低成本、大批量、高效率获客，迅速抢占"存、贷、汇、投"等金融业务的市场份额。而由于以P2P为代表的互联网金融带来了市场的无序竞争，监管部门对P2P的治理使得金融业对互联网金融的发展模式进行反思，开始高度关注互联网金融的风险和管理问题。

但是，互联网金融对商业银行的冲击不仅反映在市场份额上，还具有更深的影响。一是改变了"人心"，重新定义了金融服务标准，客户的心理期望也发生变化，对金融服务提出了移动化、智能化、个性化、普惠化、场景化、生态化的新要求。二是重新定义了优势，传统商业银行原有的优势，如广泛分布的网点和完善的管理组织，不再是优势，甚至可能成为发展的障碍。三是大量的金融去银行化也切断了银行与客户之间的传统联系，银行无法获取数据去分析客户习惯，会丧失对市场的敏感度。消费金融公司的蓬勃发展就是一个很好的例证。银行由于传统审贷方式的限制，难以满足客户"短、小、急、频"的金融需求，消费金融公司能快速满足客户需求，取得了良好的市场表现。有关统计数据显示，2012年互联网消费金融行业放贷规模仅为18.6亿元，到了2016年已达到1.5万亿元，随后呈直线上升态势，2021年放贷规模为20.2万亿元（见图1.3）。

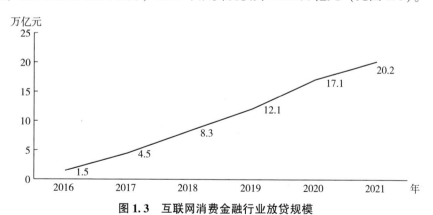

图1.3 互联网消费金融行业放贷规模

（资料来源：艾瑞咨询、智研咨询）

（三）银行的很多痛点制约自身发展

1. 风控能力较弱

传统银行风控存在"管不完""看不准"的问题：一是风控模式难以应对普惠化授信需要，传统审贷方式效率低，耗时长。向普惠化转型，则意味着要满足更多"短、小、急、频"的信贷需求，用户金融使用场景从单纯的线下转为"线上+线下"，银行数据覆盖面明显不足，难以满足发展需要。二是对客户欺诈风险缺乏充足的应对手段，由于银行与客户之间的信息不对称，假交易、假资料、假用途等假数据的大量存在，考验着银行风险判断能力，造成大量违约事件，银行急需提升风控能力。粗放的风控会导致资本消耗严重，大大削弱银行的可持续发展能力。

2. 客户体验不佳

传统银行业务拓展主要靠关系营销，客户体验重视度不够，服务渠道以线下网点为主，在客户价值创造过程中支持能力有限，总体上以自我为中心，因此业务办理不便、服务效率低的情况普遍存在，客户体验不理想。随着金融科技的发展，更多互联网金融公司、银行纷纷利用金融科技提升服务效率，客户对银行的期望也水涨船高，金融科技成为维持客户黏性的关键因素。

3. 业务成本高企

随着利率市场化推进和同业竞争加剧，高收益资产和低成本资金的获取越来越难，存贷利差收窄、客户获取及经营难度加大已经成为银行经营必须面临的重要问题。相对于互联网金融公司线上获客、线上服务的低成本发展模式，当前银行业务还主要依赖线下网点和人力，运营成本和合规成本较高，成本管理能力成为制约发展的重要因素。

4. 运营效率亟须提升

银行传统的运营模式以合规为设计原则，运营队伍庞大，尽管占据了较多的人力、物力资源，但是效率整体不高。一是业务流程烦琐，层层审批，每个产品均有自己的流程体系，各环节单线串联，耗时较长，效率低，且容易受人为干扰。二是运营中违规问题不能有效避免，执行标准不一的现象较为突出，一旦出现问题，如果分支机构隐瞒不报，总行无法预防和察觉。

5. 客户精准识别能力不足

面对互联网金融冲击、客户行为和需求偏好的改变，商业银行不断探索如何在挽留住存量客户的基础上发力获客。在这个过程中，精准识别能力不足的问题较为突出。一是获客精准度低，金融服务提供方逐步丰富，客户选择变得便捷和多样，新客获取的难度加大。二是精细化经营能力不足，存量数据使用能力较弱，老客户增量效益难以撬动，授信数据匮乏，风险识别能力不足，导致业务拓展压力大。三是营销精准度不高，智能设备的广泛应用把人们的时间碎片化分隔，用户行为变得移动而分散，传统营销渠道的影响力日渐减弱，营销活动难以准确触达目标用户。

上述原因也是金融脱离实体经济的一个重要原因，商业银行对优质资产发现能力不强，成本高企，运营低效，客观上导致商业银行脱离本源。在调结构、防风险、金融业去杠杆的政策背景下，监管层通过宏观审慎管理及多项监管政策的配套出台，有效抑制资金空转，促使商业银行回归本源、提升服务实体经济的能力。

（四）金融科技为商业银行提供广阔发展空间

传统商业银行依靠线下网点提供服务，运营及合规成本较高，业务拓展能力受到很大限制，从而在网点布局上重视经济资源发达区域，忽视欠发达地区，在客户选择上重视优质客户，忽视更广大客户的金融需求，导致不少客户群体无法有效获取金融服务，无法成为资金的融入方，长期被动地扮演资金供给者的角色，而不是金融体系的受益者，这是金融供给侧结构性问题的根源。金融科技的发展使得金融服务的边际成本大幅下降，大大增强了业务拓展和服务延伸能力，具体体现在以下几个方面。

1. 大数据，让风险更"可控"

风险管理是商业银行的核心职能，大数据治理与分析技术能够重塑银行风险管理模式。传统信用风险管理是事前靠财务报告和调查（这些信息反映的是客户的历史状况，真实现状容易被掩盖），事中靠抵押担保，事后进行清收保全。这样建立在有限信息基础上的信用风险管理模式必然是低效的。利用大数据的方式，获取更多维度的客户信息，通过一个个客户标签，进行客户画像，能够全方位、动态化、自动化掌握客户信息。这些信息应用在反欺诈、风险预警、授信审批等方面，大大增强了客户风险防控能力，使风险防控变得更加全面、智能、高效。举例来说，小微企业由于缺乏规范可靠的财务数据，对其授信长期以来是银行的雷区，很多银行谈之色变，然而通过大数据的方式，对金融属性较强的经营数据，如水电消耗量、缴税数额、物流数据等进行分析，能更好地把握企业经营的实际情况，更容易作出风险管理决策。

2. 人工智能，让服务更"聪慧"

人工智能是建立在大数据基础上，用机器模拟人的思维模式。自然语言、虹膜识别、指纹识别技术让机器能识别客户身份，大大提升客户体验。机器学习、神经网络，能够更了解客户，并辅助客户作出个性化的决策，在智能投顾、智能交易、智能交互界面等方面得到应用。智能厅堂设备还可完成网点客户业务咨询答疑、辅助分流、采集客户数据等工作，完成查询、开卡、销卡等业务办理。这种无纸化、数据输入少的高效操作，大大降低了用户办理业务的时间成本，解放了诸多操作式岗位。个别商业银行已推出了无人银行，足见人工智能已有相当的成熟度，尤其是生成式 AI 的成熟，在银行服务中的场景将更加广泛。

3. 互联网、云计算，让金融更"可得"

互联网、云计算的应用进一步提升了银行基础设施与技术支持。以往农村通勤成本较高，加上农民信用数据的缺失，致使农村地区的金融经营成本较高，金融机构的服务难以触达村镇，农民的金融需求很难得到及时满足。互联网、大数据、RPA 等技术的发展改变了这一状况，为金融服务打通农村"最后一公里"创造了良好条件，农民能够平等、公平地获得专属金融产品，金融需求得到进一步满足。而云计算技术打破了资源间的共享壁垒，使各类 IT 基础资源得到充分利用，在有效降低投入成本的同时，通过对计算、存储、网络等 IT 基础资源的集约化管理和运营，实现应用系统的快速部署以及资源的弹性伸缩，以此支撑产品快速迭代及业务持续创新。

4. 区块链技术，让业务更"可信"

区块链技术的创新应用可以重塑银行结构体系与业务流程。区块链作为一项安全加密的分布式记账技术，其产生的数据具备去中心化、不可伪造、不可篡改和可追溯的特征，在跨地域跨法人的交易及数据归集、重要数据的记录及存证、准实时的清算结算等方面，克服了信息不对称、数据更新慢等缺点，不仅有效地缩短业务流程、降低交易成本，还有利于提升内部审计透明度。当前各大银行都在研究布局区块链的技术应用，并在供应链金融、理财产品销售管理及代理业务中发挥越来越重要的作用。

二、商业银行数字化转型的政策环境

数字经济的快速发展让人们既可以享受电子商务、移动支付、共享经济带来的便利，也持续释放经济活力，提升了经济社会运行效率。2017 年到 2021 年，我国数字经济规模从 27.2 万亿元增至 45.5 万亿元，占 GDP 的比重从 32.9% 提升至 39.8%，总量稳居世界第二位，年均复合增长率达到 13.6%，成为推动经济增长的主要引擎之一。党的十九大报告提出了建设数字中国目标，从战略上为云计算、大数据、人工智能等数字中国的基础性技术规划了发展路径，描绘了清晰的发展蓝图；党的二十大明确提出要大力发展数字经济。2018 年，国家统计局公布《战略性新兴产业分类（2018）》，其中 9 个门类中，信息技术、数字创意产业占据两个门类，且信息技术处于第一大门类。2017 年，国务院印发了《新一代人工智能发展规划》，2021 年，工业和信息化部出台了《"十四五"大数据产业发展规划》，各地政府都把数字经济作为下阶段发展的重点，数字经济的未来前景更加广阔。

中国金融科技快速发展也得益于良好的政策环境。2017 年 5 月，中国人民银行成立金融科技委员会，旨在加强金融科技工作的研究规划和统筹协调。2017 年 6 月，中国人民银行印发《中国金融业信息技术"十三五"发展规划》，提出要"推动新技术应用，促进金融创新发展"，包括"加强金融科技（FinTech）和监管科技（RegTech）研究与应用""稳步推进系统架构和云计算技术应用研究""深入开展大数据技术应用创新""规范与普及互联网金融相关技术应用""积极推进区块链、人工智能等新技术应用研究"等内容。与此同时，金融科技在监管的引导下趋向规范，且由互联网数据安全引发的新一轮金融监管科技正在快速兴起，对不合规 P2P 平台、第三方支付进行规范和清理，避免恶性竞争，为商业银行数字化转型创造了较好的条件。

商业银行向数字化转型，是时代变革下的必然选择，也具有现实的有利条件，已成为业界共识。从 2017 年起各大银行披露的年报中可见，"智慧银行""科技银行""数据银行"等成为银行未来战略转型的方向，其中平安银行、招商银行更是提出要打造"金融科技银行"。《2021 中小银行金融科技发展报告》显示，面对金融科技的冲击，超过 90% 的银行已经有明确的金融科技发展规划。中小商业银行定位是服务地方经济、服务小微企业、服务城乡居民，但获客能力、服务能力、管理能力上不及全国性银行，下不及邮政储蓄银行、农村信用社等机构。因此，数字化转型对中小商业银行提升管理水平和获客能力、突破发展瓶颈、化解经营痛点有更加迫切、更加重要的意义。中小商业银行应该不失时机，主动变革，通过数字化转型实现经营管理的全面提升。

第三节 商业银行数字化转型实践及问题剖析

随着数字经济的兴起，一些商业银行先行先试，启动数字化转型，探索应用数字技术，推动传统发展模式的变革，取得了不俗的表现，也为广大商业银行提供了转型范例。

一、商业银行数字化转型的探索实践

（一）建设银行

1. 基本情况

建设银行是我国五大国有商业银行之一，拥有广泛的客户基础，营销网络覆盖全国各地及全球的主要地区，在英国《银行家》2022 年全球 1000 强银行榜单中排名第二。在国有银行中，建设银行较早地启动数字化转型。2012 年，建设银行就提出向"综合性、多功能、集约化"方向转型；2015 年，建设银行发布《中国建设银行转型发展规划》，明确了建设银行"综合性银行集团、多功能服务、集约化发展、创新银行、智慧银行"的转型方向。2018 年，建设银行正式发布《金融科技战略规划》，明确金融科技战略实施方向，建立技术与数据双轮驱动的金融科技基础能力，对内构建协同进化型智慧金融，对外拓展开放共享型智慧生态，重点推进住房租赁、普惠金融和金融科技三大战略，努力打造具有"管理智能化、产品定制化、经营协同化、渠道无界化"特征的现代商业银行。2020 年以来，建设银行按照"建生态、搭场景、扩用户"的数字化经营理念，全面开启数字化经营探索。

2. 组织架构

建设银行总行转型采取分类推进、以点带面方式，发挥转型标杆行、重点城市行的示范带动作用，复制推广来自基层的典型案例，建立转型发展评价指标体系，推动转型在二级分行及以下机构全面发力。自 2012 年起，建设银行实施以"三综合"建设为主要内容的网点转型，打造综合性网点、综合制柜员和综合化营销队伍，将网点打造成产品展示、客户体验和客户交流平台，推进业务前后台分离，建立了以总行、一级分行为主体的集约化营运体系，将前台工作量大幅后移，网点柜员从会计核算业务处理职能中解放出来，专注于营销服务。建设银行通过大数据技术建立全行物理渠道信息的综合管控，实现智能网点劳动力和资源管理，2015 年全面上线智慧柜员机；2018 年推出全国首家无人银行；2019 年起开始与各地政府合作，推出"一部手机办事通""政务服务一网通办"等智慧政务服务模式，拓展业务场景。

3. 商业模式

建设银行着力强化母子公司的交叉销售和业务联动，不断拓展战略协同的深度与广度。这在很大程度上激发了保险、基金、租赁、信托等非银业务的发展潜力，实现了综合经营向纵深化发展。同时，建设银行积极布局网络金融，发展完善手机银行、网上银行、微信银行三大渠道，搭建"善融商务""悦生活""惠生活"三大平台，推出互联网支付、互联网理财、互联网融资三大产品线，积极引进智慧银行、智能客服等智慧应用；成立大数据分析中心，构建大数据实时在线查询分析处理模块，采用大数据多维分析技术进行"客户画像"，建立统一客户视图、客户 360 度画像库，完善客户评价与细分、客群定制综合服务方案、客户接触管理等业务流程，实现精准营销。

4. 技术

建设银行 2011 年启动新一代核心系统建设，2017 年 6 月全面竣工并成功上线，目标是打造满足未来 10~15 年转型发展需求的信息技术平台，并以此为抓手实现战略转型的落地。新一代核心系统的四个特征是组件化设计思路、平台化开发模式、面向服务架构（SOA）充分运用云技术、智能化、主动式安全保障体系。建设银行"新一代"核心系统从根本上颠覆了过去"部门级"IT 系统建设模式，成功实现了向"企业级"研发模式的全面转型，具有三大领先优势：一是业务与 IT 融合，IT 架构与业务架构紧密衔接，最大限度地考虑全行范围的共享和复用要求，消除了"竖井"，避免了条块分割和功能冗余。二是以客户为中心。面向服务的架构实现了对客户的深刻洞察及灵活应变，服务流程的调整变得更加简单，可有针对性地满足客户需求。三是支持快速产品创新，通过组件的共享达到灵活响应和快速创新的目标，使产品创新更便捷、更迅速。

5. 文化

转型先转观念，凝聚共识对于建设银行成功转型至关重要。《中国建设银行转型发展规划》的起草经过反复研讨酝酿，先后修改了100多稿，广泛汇聚了全行的智慧。各业务条线制订转型具体实施方案中，将顶层设计和基层创新紧密结合，很多思路、做法乃至具体举措都来源于基层实践。全行上下在转型中做到了认识一致、方向一致，凝聚了最大的合力，使得转型工作得以协同有序顺利推进。建设银行在战略转型中突出了人的因素，把人力资源管理的转型摆在重要位置，着力优化人力资源结构，把员工视为最宝贵的财富，着力将人本理念融入经营管理各项工作中，以人为本的文化使得全行在转型变革中，始终保持强大的凝聚力和向心力。

（二）平安银行

1. 基本情况

平安银行由中国平安保险集团控股，是12家全国性股份制商业银行之一。平安银行依托集团综合金融优势，2016年10月提出打造"中国最卓越、全球领先的智能化零售银行"，明确"科技引领、零售突破、对公做精"十二字方针。2017年，平安银行正式定位于转型"零售银行"，以"以零售为核心，对公、同业协同发展，打造领先的智能化零售银行和卓越的精品公司银行"为发展愿景，明确"金融+科技"双驱动战略。2020年，平安银行全面升级新三年战略举措，提出坚持"三不变"，即坚持零售转型方向不变，坚持"综合金融、科技赋能"两大核心优势不变，坚持均衡、协同发展思路不变；着力打造"数字银行、生态银行、平台银行"三张名片；构建深化零售业务、对公业务、资金同业业务"3+2+1"经营策略。2021年，平安银行提出开放银行、AI银行、远程银行、线下银行和综合化银行"五位一体"新模式，旨在通过科技手段将最优质的产品服务惠及最广大客群，全面提升"千人千面"的智能化服务能力，着力打造"有温有感"的客户体验，驱动客户服务模式及商业模式革新。

2. 组织架构

按照"流程银行"的要求，平安银行变革组织架构，精简架构、缩短流程、强化协调，推行事业部改革，设立行业、客户、产品事业部，实行成本中心向利润中心的转变，对重点行业、重点业务进行嵌入式管理、专业化经营，全面理顺业务制度和流程，提高管理决策和操作效率。2016

年，平安银行以零售转型为主，启动组织架构的调整，目标是向扁平化、去行政化转型。平安银行总行一级部门从 42 个精简到 30 个，总行架构调整为大公司、大零售、大内控、大行政四大条线。围绕大零售定位，在组织上全面推进敏捷转型，建立敏捷机制以及贯穿"总—分—支—前线"的垂直化管控协调体系，进一步提升组织运转效率，推动私人银行发展新模式、消费金融战略规划、支付结算平台等内部项目的设计及实施，建立起零售业务可持续发展的机制与能力。

3. 商业模式

平安银行把综合金融作为转型发展的核心优势，与集团兄弟公司紧密联系，加强合作，在集团的综合金融框架下全面推动产品的交叉销售、渠道整合和客户营销。把综合金融融合到获客展业方式、产品和服务、融资需求解决方案、商业模式设计中，持续提高服务的综合金融能力。为此，平安银行提出传统金融和非传统金融共同发展的战略。传统金融战略是一个客户、一个账户、多个产品、一站式服务。平安银行希望将保险的客户迁徙到银行，银行的客户迁徙到资产管理、财富管理。非传统金融战略是一个客户、多个账户、众多产品、多种服务，从金融服务扩展到生活服务。非传统业务主要围绕"医、食、住、行、玩"等需求，从生活切入，搭建互联网金融平台，逐步形成"四个市场、两朵云、一扇门"的战略体系。"四个市场"是指资产交易市场、积分交易市场、汽车交易市场以及房产交易市场；"两朵云"中的资产云是以"一账通"为核心，健康云是以电子健康档案和健康管家移动平台为核心；"一扇门"是用户通向"品质生活金融超市"的天桥，为客户提供一站式的服务，让生活体验更加简单。

4. 技术

平安银行在技术上围绕平安集团的科技进行应用发展。平安集团着眼行业前沿，大力研究新科技，并把前沿科技运用于服务营销、风险控制、运营支持和管理赋能，通过打造技术能力、数据能力、敏捷能力、人才能力和创新能力，为数字化经营提供支撑，为战略转型注入强劲科技动能，科技能力位于股份制银行前列。同时，依托强大的科技能力，平安集团提前在"平台+"上发力，建立起金融、医疗健康、汽车服务、房产等生态圈。这些基于集团建设的生态圈不仅为平安银行带来了大量客户，也为平安银行的零售战略转型提供了巨大支持。

5. 文化

"对外以客户为中心、对内以人为本"是转型发展的根本出发点。树立"对外以客户为中心,以市场为导向"的理念,在销售前端,通过交叉销售、一站式服务来满足客户多样化的金融需求,增强客户的黏性和忠诚度,在中后台,产品、服务、政策、架构、流程的设计,都要从满足客户需求、提升客户体验、为客户增值的角度出发。对内倡导员工是最有价值的资产,通过人才梯队培养、员工关怀、家园文化建设等方式,提升凝聚力,形成转型发展的合力。同时,为辅助转型落地实施,重新规划培训体系,把培训定位为业务发展的加速器、人才培养的孵化器。

(三) 招商银行

1. 基本情况

招商银行是中国境内第一家完全由企业法人持股的股份制商业银行,也是中国内地市值第二大的银行,发展目标是成为中国领先的零售银行。1995年7月,招商银行推出银行卡一卡通;1999年9月,启动中国首家网上银行一网通,成为众多企业和电子商务网站广泛使用的网上支付工具,在一定程度上促进了中国电子商务的发展。为了更好地适应金融科技发展趋势,2014年,招商银行把"轻型银行"明确为二次转型的方向,并确立以零售金融为主体,公司金融、同业金融协调发展的"一体两翼"转型目标。2017年,招商银行进入战略转型下半场,把自身定位为一家金融科技银行,金融科技成为下半场转型的"核动力"。2018年,招商银行正式启动"零售金融3.0"战略,力争通过App引领零售金融变革。截至2021年末,招商银行零售客群突破1.7亿户,零售管理客户总资产(AUM)突破10万亿元。

2. 组织架构

招商银行进行"大零售"组织架构调整,整体组织架构的变革思路可概括为"三部合一":以网络银行部为主轴,与原零售金融总部、基础客户部进行整合,形成了新的零售金融总部,即原网络银行部+原零售金融总部+基础客户部=新零售金融总部;同时,原网络银行部下辖的二级部门远程银行中心更名为网络经营服务中心,为新零售金融总部的二级部门。调整后,招商银行将零售金融部门变更为五个一级部门:零售金融总部、财富管理部、私人银行部、信用卡中心及零售信贷部。其中,新零售金融总部是全行的平台部门。招商银行的组织架构调整从产品管理与客户管理两大维度展开。在产品管理方面，私钻、双金和基础客户服务仍分别由私人银行部、财富管理部和零售金融总部的客户直营板块承担；在客户管理方面，以零售金融总部的数据化平台为基础，搭建生态体系。此外，招商银行建立 IT 人员分配机制，即 IT 人员是动态可调整的，有新业务功能需求时，立刻可以组建一个队伍。

3. 商业模式

2018 年，招商银行开始探索数字化时代的 3.0 模式，提出将月活跃用户（MAU）作为"北极星"指标经营理念，把 App 作为银行与客户交互的主阵地，牵引整个招商银行从业务发展到组织体系、管理方式、服务模式，再到思维、理念、文化和价值观的全方位数字化转型。其发展策略为内建平台、外拓场景、流量经营。内建平台就是要在整体上构建招商银行的互联网金融平台，依托招商银行 App 和掌上生活 App，搭建服务渠道和产品体系；外拓场景和流量经营就是招商银行运用自身专业能力优势，在互联网属性较强的业务上，与外部平台对接，引入流量。2021 年，招商银行提出打造"大财富管理的业务模式+数字化的运营模式+开放融合的组织模式"的 3.0 模式，商业模式转型持续深化。

4. 技术

招商银行用微服务构筑灵活高效的开发体系，用两年多的时间进行微服务架构的分拆，打造一朵"招行云"和两个中台（数据中台及技术中台）的开放基础架构，打破系统竖井与数据孤岛，持续沉淀企业级能力，最大化释放数据价值。在微服务架构下，大功能拆分成一个个小的架构分支，每个分支由专门团队负责，招商银行有几十个团队都在并行开发，彼此之间是"无协调开发"。数据实现了分层管理，招商银行规划的数据应用体系分成三层，包括数据获取层、整合层和分析应用层。在数据获取层，招商银行借助交换平台、消息队列的技术，去采集批量、准实时和实时的数据；数据整合层的核心是包括传统的数据仓库和大数据平台所组成的一个逻辑的数据仓库；在数据应用层，主要面向业务用户、客户渠道这两大类集群，提供决策支持、分析探索、实时决策、信息交互以及其他专业应用的环境。截至 2021 年末，技术中台的共享组件已达 2811 个，使用大数据服务的人员数量约占全体员工的 40%。

（四）民生银行

1. 基本情况

民生银行是中国第一家主要由民营企业发起设立的全国性股份制商业银行。民生银行数字化转型是以应对利率市场化为切入点开始的，于2015年2月启动全面转型变革的顶层设计——"凤凰计划"，到2017年末"凤凰计划"设计全面完成，试点落地成效显著。民生银行以实施"凤凰计划"为主线，以提高发展质量和效益为目标，按照"做强公司金融，做大零售金融，做优金融市场业务，做好综合化经营"的经营思路，努力向数字化、轻型化、综合化的标杆银行转变，持续提升公司价值。2018年，民生银行明确"民营企业的银行、科技金融的银行、综合服务的银行"的战略定位，从业务和管理两方面规划改革转型蓝图，并制定相应的组织体系、督导检视及考核评价机制。2021年，民生银行进一步明确"民营企业的银行、敏捷开放的银行、用心服务的银行"的战略定位，致力于成为民营企业服务最好的银行，全力打造生态银行，加快建设智慧银行。

2. 组织架构

"凤凰计划"启动后，民生银行成立了专门的领导小组和7个专业工作组，借鉴先进银行领先实践，在全面诊断民生银行现状的基础上开展转型规划。在组织架构方面，实行"前台一体化、中台专业化、后台集约化"。前台销售一体化方面，民生银行持续优化事业部管理架构，升级公司银行事业部管理模式，在零售条线和金融市场条线推出"总部制"管理，提升总行层面各板块的专业化管控能力和协同性，逐步建立全功能的大事业部制管理模式。中台管理专业化方面，民生银行持续强化风险管理，优化清收体制，创新清收手段，严防严控不良资产，推进新资本协议等重点项目，强化全面风险管理体系建设；持续优化管理会计系统，增强差异化的风险定价能力和价值管理能力；全面推行精益六西格玛等管理工具，推动以客户为中心的流程优化和再造，提升精细化管理能力和整体运作效率。后台运营集约化方面，着力建设大规模集中作业平台，优化完善信息科技治理机制和架构，打造高效的科技服务模式，提高信息科技的活力与效率，释放科技生产力。自2020年起，民生银行开始破除"部门银行"思维禁锢，优化机构和人员配置，建立客户中心型的组织体系；构建敏捷协同的组织体系，形成全链条、全覆盖、多元化的产品体系和快速响应的服务能力。

3. 商业模式

民生银行近年来积极发展轻资产，践行交易金融，围绕向"平台+交易"模式转型，开展一系列的合作。例如，民生银行和小米公司在金融、电商、生态链等业务板块展开深入合作，构建"金融+科技"生态；民生银行和中国联通在基础通信、金融、支付、数据、电子渠道等领域积极开展合作，协同构建"通信+金融"新生态；民生银行和搜狐公司在金融、流量入口、大数据、媒体影响力等方面合作，构建"金融+场景"生态。2021年，民生银行以"打造敏捷高效、体验极致、价值成长的数字化银行"为目标，将体系性、全方位的数字化转型作为未来布局的新起点；围绕"企业供应链生态、个人生活旅程、机构平台类生态、金融同业资金交易"四大场景，构建"大中小微一体化经营、'个人客户获客+活客+留客''智慧政务+便民服务''同业客群+要素市场+托管业务'"的生态体系创新服务模式，建立以充分授权、快速决策为基础，风险前置、流程精简为原则的敏捷工作机制，深度链接银行与客户、银行与社会。

4. 技术

民生银行在金融科技上起步很早。早在 2014 年，民生银行就布局分布式核心金融云平台，开创了国内银行核心账户分布式化的先河；2015 年开始建设大数据平台和人工智能服务体系，建立了实时头寸分析、智能投顾、智能风控、智能营销等一系列智能金融服务，提升了小微 3.0、供应链金融、远程银行、资管业务的智能化水平；2016 年加入国际区块链联盟，并在 2017 年将其应用于信用证交易，2018 年受到中国银保监会邀请，合作制定银行业区块链技术标准。民生银行分布式核心项目从 2015 年 8 月正式启动，经过生产系统基础环境的搭建、全量客户信息的迁移、数据迁移等系列工作，在 2018 年 1 月正式上线。这是国内第一家成功上线的分布式核心金融云平台，同时也是国内首家自主研发的直销银行分布式核心云平台。利用分布式核心技术后，民生银行系统成本降低至原来的十分之一，而每笔交易时间从 120 毫秒缩短至 50 毫秒以内，客户体验得到极大提升。2021年，民生银行建成以"业务中台、数据中台、AI 中台"为核心的全分布式企业级架构，分布式核心系统完成亿级客户数据无感迁移，全方位支撑 B端、C 端、F 端、G 端业务数字化转型；依托"技术+数据"双引擎，建立"需求洞察—策略匹配—评估反馈"细分客群营销闭环，完善"人智+数智+

机智"风控，升级"云民生"数字化渠道，优化全流程业务运营，强化数据驱动决策，推动金融服务和经营管理智慧再造。

（五）百信银行

1. 发展定位

百信银行是全国首家获批的独立法人形式的直销银行，由中信银行与百度公司联合发起，于 2017 年 11 月正式开业，市场定位是"为百姓理财，为大众融资，依托智能科技，发展普惠金融"，推出了消费金融、财富管理、汽车金融、小微金融和金融同业等业务，主要针对传统银行服务薄弱和未触达的空白领域进行错位发展。百信银行三个阶段的发展目标分别是：第一个阶段是科技金融，第二个阶段是场景金融，第三个阶段是智能银行。截至 2021 年末，百信银行用户规模突破 6900 万户，服务领域覆盖信贷融资、消费、理财、支付等多元化场景。

2. 组织架构

百信银行的组织架构对标互联网公司，采用适合互联网银行的考核机制。组织结构扁平化，减少管理层级，缩短汇报链条，提升信息传导的敏捷度；业务结构采用"小前台、大中台"模式，将资源、数据、能力在中台沉淀，快速响应前台的业务需求；考核采用"KPI+OKR+价值观"评价体系，兼具结果导向和过程管理，并结合金融业务特殊属性，强化员工风控意识，增加风控合规的考核权重；人员结构年轻化、科技化，建立高管、中层、员工三级人才培养体系，积极引入科技、数据、风控方面的技术人才和产品、运营等岗位人才，打造复合型人才队伍。百信银行的人才、科技、财务相对独立，组织架构能够敏捷快速地响应市场变化，保证了百信银行的市场化竞争能力；"职级能上能下、人员能进能出、收入能升能降"的"六能"市场化文化，激发了组织效能。

3. 商业模式

百信银行是独立法人运作模式的直销银行，发展愿景是以市场为导向，以用户为中心，坚持科技和数据双轮驱动，打造"O+O"（线上+线下）和"B+B"（银行+商业）模式的智能普惠银行，积极构建泛场景生态圈，将银行服务深度融入各类生活场景和产业生态，实现生态共融、协作共赢，目前可提供超过 3000 个 API 接口，通过"零距离"接触的方式，让数字金融服务无处不在。例如，2021 年上线的财富 SaaS 服务"星链平台"，可提供产品接入、平台管理、渠道销售和账户服务等数字化综合解决方案，已接入 20 余家银行理财公司、商业银行、基金和保险公司，为更多金融机构提供更便捷、更安全的一站式理财科技服务。

4. 技术

百信银行以"数字化敏捷银行"为科技愿景，坚持"云化、敏捷、智能、安全"的科技战略，成为国内第一家自主掌控、业务全面上云的数字银行。云化应用部署 100%，敏捷应用覆盖 100%，智能 AI 意图识别率达到 97%；机器人智能客服服务占 90% 以上；智能营销实现千人千面，精准触达；智能账户实现聚合支付，为行业提供解决方案；智能风控实现分钟级风控策略迭代；敏捷化研发实现平均每周 80 次以上产品迭代。截至 2022 年上半年，百信银行申请专利 136 件，已获证的软件著作权 109 件，科技人才占比为 61.8%，被《亚洲银行家》评为亚洲太平洋地区数字银行排行榜第 6 位。

5. 文化

百信银行具有传统银行和互联网公司的双重基因，60% 以上人员是科技人员，重视创新。公司文化呈现多元化特征，既开放包容、允许试错，也注重严谨合规、专业细致。

（六）ING 集团

1. 发展定位

ING（International Netherlands Groups，荷兰国际集团）是一个国际金融服务私营企业，成立于 1845 年，全球职员大约 130000 人，服务遍及全球 50 多个国家，核心业务是银行、资产管理等。在经历国际金融危机之后，ING 业务逐步收缩，直至 2013 年底，基本完成对保险业务和多国直销银行业务的剥离，出售了在北美和英国等多处的直销银行业务，成为一家业务集中在欧洲的银行。重组后的 ING 轻装上阵，业务条线更为精简，分为零售业务和交易业务，零售银行业务将目标客户定位为 30～50 岁受过良好教育的上班族，接受通过电话或网络理财，收入水平高于市场平均水平，乐于自助理财；交易银行业务为跨国公司和机构提供现金管理及虚拟账户管理。ING 始终坚守自己成功的秘诀，即科技创新，以满足互联网时代客户日益变化的需求，于 2014 年提出 Thinking Forward 策略，立志将自己打造成一家从事金融服务业的科技公司。2020 年，ING 集团名列福布斯全球企业 2000 强榜第 194 位。

2. 组织架构

敏捷组织和文化是 ING 集团实现传统银行数字化转型的关键成功要素。2015 年，为了全面适应数字化发展浪潮，ING 踏上了敏捷转型之旅，将传统组织架构改为谷歌、Netflix 和 Spotify 等公司采用的"敏捷"模式，推动集团总部由传统部门制组织机构向互联网形态的"部落和小组"组织模式转变，要求所有员工成为"流动人群"，每个人在新组织中重新申请岗位，以文化和理念为筛选标准，让组织和个人进行匹配，总部 3500 人被压缩至 2500 人，近 40%的员工从事的岗位与他们之前不一样。除柜台/分行、运营、呼叫中心和支撑职能（风险、法务、财务、人力）外，将包括数据分析、产品管理、IT、营销、渠道管理等传统职能共约 2500 名全职人员重新组合成 13 个部落 300 多个小组，形成敏捷的组织形态。ING 通过彻底的组织转型大幅提高了工作效率；产品上线周期从每年 2~3 次缩短到 2~3 周一次，员工效率提高 30%，客户净推荐值（NPS）大幅提升。通过全面数字化转型，ING 提供全渠道数字化客户服务，建立了 360 度客户视图，大幅提高客户服务效率，一改反应迟缓、渠道衔接不畅、产品定制化低等不佳的客户体验，并保证实时自动化服务，确保各渠道任何触点客户体验的一致性和透明性。

3. 商业模式

国际金融危机之后，ING 业务逐步收缩，业务主要集中在交易银行和零售银行。在交易银行业务方面，ING 的愿景是各种规模的企业能够通过一个单一、灵活的多门户网站，在数字生态系统中管理集团的现金和支出，并可以无缝集成到任何财务部门现有的 IT 基础设施中，其开发的虚拟现金管理方案，使现金管理的集中化和可视化成为现实。ING 的交易银行跨境现金管理具有高速、集中、透明、可自主设定的特点，因此获得了《银行家》杂志授予的 2017 年交易银行奖和现金管理奖。在零售银行业务方面，开展全方位数字银行创新，提供差异化的客户体验。一是随时随地提供清晰易用的产品和服务，如在线手语翻译银行、即时贷款、社交付款应用程序（The Way You Pay）；二是在正确的时间为顾客提供正确的信息，ING 从不鼓励过度消费，而是希望帮助客户作出理智的决策，如数字顾问策略、透支提醒服务。

4. 技术

ING 的 IT 系统建设用了 10 年时间，经历了三个阶段，第一阶段用 3

年，实现系统大集中；第二阶段用 4 年，推动 IT 敏捷开发转型及开发测试运维一体化（DevOps），试点微服务架构；第三阶段用 3 年，面向敏捷银行的全面转型，业务部落的系统全面采用微服务架构。系统交付采用"双速 IT"模式，敏捷交付模式主要面向前中台的渠道、客户、产品，需快速迭代的系统；瀑布交付模式主要面向后台的交易和管理、以稳定为主的系统。在技术架构方面，一是推行微服务架构，作为解耦后小应用系统的技术承载和服务整合；二是推行云平台，实现 IT 基础设施的实时动态拓展；三是推行 DevOps 开发测试运维一体化，通过自动化工具提升交付效率和质量。此外，ING 与几十家金融科技公司合作，并为金融科技创业公司设立了两个孵化器——荷兰的创新工作室和比利时的金融科技村。

5. 文化

ING 提倡工程师文化和积极开放的工作氛围。ING 认为，如果它要成为一家成功的技术公司，就需要吸引有才华的工程师，形成"工程师文化"，就必须模仿最好的技术公司的组织形式，敏捷的进化需要改变的必须是整个公司，而不仅仅是 IT 部门。为了培育"有才华"的工程师，ING 采用 Dreyfus 技能获得模式（新手、高级新手、胜任者、精通者和专家），建立了"内部学院"的课程。任教团队由一批高级工程师组成，以帮助每个人提升在技术公司内部成长所需的技能。ING 采用开放式办公空间结构，鼓励对话，被称为"乐园"，员工积极、充满热情，关注"做正确的事"，为消费者提供更好的回报和服务，员工加入并留在 ING，因为"将有机会在强大的商业模式下、在'非银行'文化氛围中工作，并有机会实现快速成长"。各个运营中心相互竞争，竞相实现服务和销售目标。在经营管理中，ING 坚守科技创新和一切从客户出发的经营理念。一是坚信科技创新可以成为银行业成功的秘诀。雄厚的科技实力离不开创新的企业文化，传统银行文化对错误零容忍，而 ING 则鼓励员工冒险，通过试错不断学习进步。二是突破银行思维，向其他行业的先进榜样学习。向沃尔玛学习薄利多销的商业模式，向硅谷巨头学习先进的组织管理，如敏捷工作方式，同时为配合新的组织形式，还向谷歌和 Netflix 学习，建立 QBR 机制。人员招聘方面，采用谷歌的同行招聘方法。三是真正为客户着想，重视长远利益，ING 始终奉行在正确时间为客户提供正确信息，帮助客户作出最正确决策，例如，倡导客户"回归储蓄"，通过多样化的"数字顾问"帮助客户提前规划，避免财务赤字。

二、商业银行数字化转型面临的问题

德勤管理咨询研究认为，传统银行在数字化转型中存在一些困难。一是管理模式和组织架构传统，不利于应对大数据时代的信息多变；二是经营文化和管理理念陈旧，无法适应新的竞争环境；三是绩效管理模式僵化，不满足精细化管理要求；四是人才战略和管理模式落后，无法满足时代的变革与创新。

麦肯锡认为企业制定大数据战略要注重三个关键能力：一是能够鉴别、融合及管理多种数据源；二是为了预测和优化成果，要有构建高级分析模型的能力；三是为了确保数据和模型能够真正生成更好的决策，管理层必须具备推动体制转变的能力，这是最为关键的。根据部分商业银行的大数据战略实践，麦肯锡指出大数据应用存在的主要问题：一是银行数据维度广，数据管理难度较大；二是缺乏特定数据管理规则，数据噪声造成模型失效；三是数据更新难度大，风险控制水平（含数据安全）亟须提升；四是外部数据资源有限，数据交易市场尚未形成；五是大数据人才严重短缺，应用和开发受到影响。

陈游（2018）通过分析研究美国 Capital One（第一资本金融公司）大数据战略，指出我国商业银行转型存在以下问题：一是系统封闭孤立，难以适应形势变化。传统银行系统架构设计原则是以管理方便为导向，且系统开发人员和业务需求人员对业务、系统、数据不能全面了解，做不到科学规划，导致自动化、标准化程度较低；系统建设往往是在线上模拟线下手工的操作流程，每一款产品都开发一套系统、设计一套流程，导致系统之间呈竖井式的并列关系，系统交互慢，甚至高度相关的业务也难以实现数据互联互通，流程之间是串联关系，业务处理效率缓慢，后期开发成本较高。二是数据治理落后，分析能力低下。商业银行虽然有庞大的数据资源，但数据治理和分析能力却相对落后，数据资产意识不强，还没有形成用大数据分析解决问题的习惯；数据大多数情况是作为会计凭据，系统数据存储方式不一，对如何积累获取数据、管理数据缺乏理解，数据标准化管理落后，数据应用方法论尚未形成，数据孤岛问题突出。三是严重缺乏一专多能的复合型人才。传统银行的人才结构普遍是金融经济专业人才占比多，IT专业人才少，且有大部分在做系统维护等基础性工作，真正能投入系统研发、数字分析的人员少之又少，且人员都是分布在不同的部门岗位上，工作协同难度大，不能快速反应；而数据人才培养是一个缓慢的过程，面对市场快速变化，许多商业银行往往无能为力，从而丧失市场机会。四是传统组织架构成为制约因素。相比科技公司、互联网企业敏捷行动、并发决策、快速响应的组织模式，传统银行的信息传导是逐级上传，流程设计是环环相扣的串联模式，导致众多个性化的客户需求受到忽视，决策和执行效率缓慢，产品服务逐步远离市场，脱离实际。

除了以上这些商业银行普遍存在的问题外，中小银行在数字化转型过程中还面临更多挑战。一是与大型国有商业银行相比，中小银行资产规模与科技实力较为薄弱，研发资金投入数量与研发效率偏低；二是与股份制银行相比，市场化机制还有待完善，对政策及市场需求的响应能力更弱；三是中小银行的人才战略和管理模式方面也相对落后，区域化运营一定程度上限制了人才的多样性与全球化视野；四是中小银行数据管理规范程度更低，数据治理任务更为繁重；五是中小银行数据资源不足，拓展数据来源的任务更加艰巨。

第四节　中小银行数字化转型的实施路径

从宏观环境来看，中小银行数字化转型迫在眉睫，否则很难适应市场发展趋势。从现实条件看，中小银行整体实力偏弱，数字化转型面临诸多困难。因此，中小银行转型工作必须精心设计、统筹规划、有序推进，保障成效。笔者结合数字化转型推动实践，从规划设计、基础准备、转型方向、数据能力、组织保障等维度，探讨中小银行数字化转型的具体实施路径。

一、做好顶层设计

数字化转型是战略性和系统性的工程，既要打造新动能，又要化解旧架构下的阻力，既要全面规划，又要有序推进，既要层次分明，又要有序衔接，实现平稳转型。"谋定而后动"，顶层设计是从全局的角度，对某项任务或者某个项目的各方面、各层次、各要素统筹规划，集中有效资源，高效快捷地实现目标。

在顶层设计启动之前，董事会需要对数字化转型的紧迫性和必要性全面达成一致，并且在转型初期就同意对数字化技术和人才进行持续的资金投入。对商业银行行长来说，数字化转型需要成为其最优先的工作目标之一，并向银行内外部明确传达数字化转型的愿景。同时，所有高管人员应当一致认同数字化转型的战略，认识到现状与理想状态之间的差距，分管技术或数据分析的行领导能够在整个组织推行数字化转型的进程。所有部门中层及其他人员对数字化转型也要有清晰的认识，站在战略和全局的高度配合这一工作。

（一）顶层设计的原则

1. 适应性原则

数字化转型要立足实际，综合考虑内外各方面因素。内部要和自身发展战略高度契合，与客户资源、人才资源、公司治理等现实条件相一致；外部要充分考虑国家政策、市场竞争、合作方等因素，突出可行性、科学性，避免盲目冒进。

2. 敏捷原则

商业银行传统管理架构是金字塔形式，以企业自身管理为核心。这一模式存在信息传递和执行力衰减的弊端，对市场反应迟钝。数字化转型要建立对市场敏捷响应的组织架构，减少组织中间环节，转变信息沟通、资源配置、业绩评价模式，提升组织响应和执行效率。

3. 闭环管理原则

闭环管理是以客户为中心，确保客户服务质量的机制，也是自身不断迭代进步的机制和前提条件。闭环管理要体现在方方面面，如数据、IT、产品、流程、人才、风控等都要建立起数据搜集、数据分析、策略制定、策略执行、效果反馈、策略改进这样的循环提升的模式。

（二）开展前期调研分析

前期调研分析是按照适应性原则，分析评估内外部形势、资源、政策等转型相关因素，主要形式是开展广泛的调研访谈，具体任务包括以下几个方面。

1. 厘清痛点

要在客户需求的各个层面进行梳理，掌握客户的痛点、痒点和爽点，调研学习借鉴行业内外创新性的做法，理出轻重缓急，有的放矢地进行改进。

2. 分析形势

对宏观经济、国家政策、行业生态、客户心理等方面进行分析，认清方向，善借趋势的"东风"，避免走回头路、冤枉路。

3. 明确边界

数字化转型的重要使命是创新商业模式，但这要放在政策允许的大形势下进行谋划，围绕支持实体经济展开。

4. 摸清家底

掌握 IT 研发能力、数据治理、数据建模、数据挖掘分析能力，中后台线上化程度支持能力，掌握运营及决策的数据化程度，以及组织及流程设计敏捷程度。

5. 寻找同盟

寻找可使用合作的资源，包括政策资源、数据资源、IT 研发资源等，以及获取这些资源的方式和成本。

6. 统一意见

征求董事会、股东、监管机构、各级员工等方面的态度和意见也是顶层设计的重要内容。

（三）制定目标体系

明确数字化转型的目标，一方面，要形成数据驱动力，建立以数据为核心的客户需求快速响应能力；另一方面，因为内在的运作机制也是重中之重，只有通过机制建设，达到各方面协调有序推进，实现内生性增长。

1. 打造能力体系

（1）数据分析洞见能力，即对数据要有获取、分析、洞见、应用能力，要有专业的数据分析师队伍，能够研发数据分析模型工具，并形成对市场、客户需求的洞见力，指导支持业务发展。

（2）线上获客及服务能力。适应线上获客、线上受理的趋势，形成线下线上联动效应，更多通过线上渠道、平台、场景、生态圈的建设来增强获客能力，提升服务水平。

（3）线上风险管理及定价能力。实现线上能够及时、准确地判断客户风险，建立数据化的反欺诈模型和客户风险评级模型，并结合客户风险评级合理确定产品价格，实现线上风险预警、风险缓释等贷后管理措施。

（4）IT 保障及研发能力。打造坚实的 IT 系统，确保数据分析能力、数据化运营、数据化服务体系的安全高效快速响应；逐步建立完善科技基础设施，部署云平台、生物识别、AR、人工智能等硬件环境。

（5）资源整合能力。盘活内外部资源，尤其要以开放、共享的思维，构筑银政之间、异业之间、银行与数据及互联网企业之间的联盟关系和系统连接。

2. 健全机制体系

（1）市场快速反应机制。建立市场沟通机制，通过线上线下业务渠道，以及大数据分析、市场调研等方式，及时掌握需求变化，通过建立敏捷组织的方式，充分调动各级单位的积极性，提高客户服务、产品创新、系统研发、场景建设、营销推广等各方面的响应速度。

（2）线上运营管理机制。数字化银行离不开高效的运营，要建立智能化的运营体系，实现前中后台运营有机统一，高效衔接，形成合力，避免前中后台各打各的拍、各唱各的调的问题。

（3）资源配置机制。数字化转型后，获客方式、商业模式都有很大变化，渠道、平台、生态圈、场景、科技子公司等新的经营单元要提高资源配置效率，业绩评价指标也不能仅限于存款贷款效益等传统的指标，要根据业务运作模式，赋予经营机构更多的自由裁量权，有效调动经营单位的积极性。

（4）科技生态机制。相对许多科技公司，商业银行基础设施能力更为强大，具备建立金融级别的高可用、高可靠性、异地多活的扩展能力，可以面向合作伙伴、上下游企业、同业机构，提供金融科技平台，通过科技平台开放，可以推动科技创新并增加收益，更主要的是可以通过科技合作形成业务纽带。

（四）制定数字化转型路线图

1. 选择合适的导入点

导入点就是着手转型的起点，一般从客户的痛点出发，通常是产品、场景和生态圈、客户体验等面客层，再对能力、机制、资源、组织等进行调整，形成以点带面的效果。个别银行如果以科技生态见长、数据分析较强、组织运作高效，也可以以科技开发作为导入点。

2. 选择合适的"试验田"

"试验田"的作用是发现问题、积累经验、培育转型的种子力量、宣扬转型文化。一种方式是从内部选择一业务板块开始，这一板块要市场容量大，发展韧性足，不至于在转型的同时造成业务发展失速；另一种方式是成立独立的组织，可以不考虑历史包袱，建立起新的目标、技术支持、管理决策模式和业务流程，快速引进数字化技术，如成立直销银行模式、行业事业部模式。

3. 实现科技体系转型

推动科技系统敏捷化，打造坚实的科技基础设施。把原有封闭、固化的科技系统进行解耦处理，实现平台化改造，建立起分布式架构，为后期系统快速迭代和科技生态建设打造基础。加强数据治理，建设数据分析能力，形成数字洞察和决策能力。

4. 实现组织模式转型

建立敏捷化组织，将原有机构人力资源重新配置，改变决策和信息反馈方式，赋予敏捷组织更多的自由裁量权和资源支配权，提升组织敏捷性。

5. 实现企业文化转型

树立线上化、数据化、智能化、敏捷化的文化理念，业务流程由线下转移到线上，决策模式由经验决策转变为数据决策，由以银行管理为核心转变为真正以客户为中心。加强文化宣贯，凝聚意志，形成合力，消除人为障碍，去除传统企业沟通协调配合机制上的不合理做法，强化组织执行力。

6. 实现资源配置方式转型

传统资源配置是以机构为主体进行分配，以业绩结果为导向的粗放核算和资源配置模式。数字化转型后，要以获客和客户经营为核心指标，精确核算到场景、渠道、生态圈、业务小组甚至数据用例，建立起线上化的绩效认定和资源核算体系，对各营销单位在业绩创造中的价值贡献及资源消耗进行科学合理评价。

7. 实现商业模式转型

进行横向或纵向的信息流、物流、资金流的价值链重组，建立以渠道、场景、生态圈为主要载体的商业银行服务模式，实现精准获客、精准营销、精准服务。

（五）数字化转型的策略

1. 用例导向，形成示范

中小银行普遍缺乏数字化转型的经验，人才储备不足，技术准备不到位，因此要采取"摸着石头过河"的策略，对部分业务作为"试验田"，逐步找准方向，锻炼队伍，并形成示范效应，为后续用例提供更多参照和经验。

2. 重点突破，有序推进

转型中全面出击往往收效欠佳。互联网商业模式往往是先从局部的客户痛点发力，快速打造适应市场需求的产品，快速"圈粉"，再逐步完善。中小银行数字化转型也要有所侧重地选择突破点，既可以从面客层着手，如优势产品、用户体验、生态圈，也可以从科技创新、组织架构等方面找到突破，再带动整体转型。

3. 边用边理，实现速赢

数据应用项目开始阶段要着眼于解决从无到有的问题，可以包容不完美，但要以极致为目标，边用边理，快速迭代，持续修正数据模型，完善系统和产品服务。例如，可以选一部分客户作为种子客群，抓住最初黄金期，形成良好的客户互动，让客户有参与感、进步感和惊喜感，形成口碑式传播效应。

4. 久久为功，形成习惯

数字化转型的真正难点在于改变传统的决策模式，要让全员认识到数据决策更有效，真正树立数据思维，同时要在整个银行内部，建立工程化的、完整的数据运行闭环，制订可执行的方案，最终推动业务发展。从传统商业银行脱胎换骨成为数字化银行，是螺旋式发展的一个过程，不是一蹴而就的事，需要持之以恒，边创造条件边推进转型。

二、数字化转型的基础工作

（一）转变经营理念

转变理念是数字化转型的首要问题，也是最难的问题。传统商业银行经营理念浸润很多年，企业文化、思想理念的惯性强，从业务发展、绩效考核、风险控制、合规管理、业务流程、人员结构等方面看，实质上是以

"我"为主的管理模式，往往与问题背后的真实客观情况有一定距离，做不到以客户为中心。转变经营理念，一方面要借鉴互联网公司"只有为客户创造价值才有客户"的发展理念，另一方面要树立用技术和数据为客户提供最优体验产品的经营理念。具体包括以下几个方面。

1. 用户思维

虽然商业银行的生存根基仍是要促成以客户购买产品服务为标志的客户交易，但在产品设计上要基于对客户、对市场的深刻理解，真正从客户视角分析思考问题，在产品营销上，要明确目标客户是谁，分析他们有什么兴趣点，然后进行精准营销。只有这样，用户才能放弃银行服务都是同质化的认知，在内心真正接受这家银行，并保持持久联系，客户黏性得到增强，进而形成口碑。这对于业务的推动来讲，要比银行人员营销的效果更好。

2. 极致思维

极致思维就是在产品服务体验等各个方面超越客户预期。"人有我有"是客户选择的必要条件，"人有我优"只能促成距离客户更近一步，只有超越客户预期，才能真正形成获客的推动力。树立极致思维，就要保持对客户的专注，抓住客户的需求，保持对品质的执着，第一要考虑用户痛点，即刚需，是用户急需解决的问题；第二要考虑痒点，即工作和生活中的别扭之处；第三要考虑用户的兴奋点，给客户带来惊喜。

3. 迭代思维

迭代思维的基本假设是我们难以做到完美，等研发出十全十美的产品的时候，市场已经被占领了。当发现客户需求时，要在最短的时间内将产品推出，给一部分种子用户使用，不断试错，持续提升和创新。迭代思维真正追求的是品质升华，通过持续的量变去推动质变，积小胜为大胜，从而形成产品的代际优势。

4. 平台思维

平台思维就是开放、共享、共赢的思想，互联网时代对商业银行响应效率提出了新的要求，银行不再是等客上门，而是通过互联网，把服务场景互联网化，把金融服务嵌入一个个场景中去，这不可能依靠自己的力量完成，必须"走出去"，与各外部实体结成联盟，取长补短。商业银行在平台建设方面也很有优势，如网点优势、渠道优势、人才优势、科技基础设施优势、资金优势、客户群体优势等。这些优势都可以打造为一个个合作的平台。

5. 数据驱动理念

传统商业银行是预算驱动，各级机构层层分解指标，依靠社会关系进行营销，这种情况下对客户的需求并非真正关心，客户往往勉为其难给予业务支持，很难做到"以客户为中心"。数据驱动就是用数据的方式了解客户，有针对性地设计产品和提供服务，能够与客户建立起更紧密的共生关系，这样的客户关系才是有源之水、有本之木，才能形成内生增长动力。

6. 大数据思维

大数据具有 5V 特点：Volume（大量）、Velocity（高速）、Variety（多样）、Value（低价值密度）、Veracity（真实性）。相对传统的统计方法，大数据更加关注总体性、相关性、整体性，对具体数字不求精准，但能够通过多维度多样性的分析，对事物总体有更清晰的描述和认知，为客户营销、反欺诈、风险管理等提供了有力工具。此外，大数据方法在对长尾低贡献客户服务方面，也能有较好的应用，为针对此类客户的服务创新找到突破。

7. 价值思维

传统商业银行基于盈利要求，更加重视短期利益，以降低成本、提高价格为核心的竞争力，通过层层的策略传导，更多关注客户定价、单个客户的盈利贡献，这是价格思维。价值思维则要跳出这一思维理念，将为顾客创造价值、为客户赋能作为核心竞争力，同时对客户的价值进行再认识，客户为生态圈的贡献、口碑宣传等都成为价值点。

（二）推动经营管理的线上化

线上化是业务流程能够线上实现，客户能够在线获得银行服务，管理工作能够线上开展，员工能够在线上办公，这些是收集积累经营管理数据、建立与客户线上联系的前提条件，也是数字化转型的基础。在整个推进数字化转型的过程中，线上化要与数字化转型保持高度的一致性，推动产品、客户、管理、员工等核心要素线上化。

1. 实现产品线上化

建立起客户服务的渠道平台和线上运营体系，让客户能够在线上办理业务，原有线下产品要补齐短板，更新换代，新产品要研发上线。实现产品线上化后，经营管理活动以线上为主，同时要发挥线下人员、网点等方面的优势，与线下形成良好的联动、互补效应。

2. 实现客户线上化

把客户服务搬到线上，与场景实现对接，使客户能够零距离获得金融服务，打造金融和非金融相结合的场景和生态圈，同时要做好线上渠道的营销和宣传，加快客户线上化进程。

3. 实现管理线上化

在线上建立起营销推动、业务审批、资源配置、线上风控、信息沟通、经营决策等涵盖前中后台及全流程的闭环式管理体系。管理线上化，可以实现管理过程的留痕，便于后续追溯，推动管理能力的迭代创新。

4. 实现员工线上化

数字化转型对内部沟通效率提出了更高的要求，通过员工在线，实现信息推送、业务审批、文件处理、业绩查询、内部沟通等办公要求。

线上化并不是简单地以系统建设为目标，相关深层次的工作也要同时推进，还要做好以下相关工作：一是实现数据积累，通过线上化记录决策过程，留存可供整理利用的数据，为数字化提供基本依据。客观上，线上化也能够为数字化转型积累经验，传播理念，锻炼队伍。二是打通系统和数据孤岛。传统银行系统架构普遍缺乏科学规划，系统交互差，流程、系统代码、数据等自成体系。因此，在线上化的过程中，要对相同或相似流程进行归并，实行参数化、标准化改造。三是进行流程梳理。进一步整合业务操作、内部管理等工作流程，实现线上线下一体化、无纸化的全流程管理。建立流程优化机制，对各层面业务流程进行梳理，提出优化措施。四是进行建章立制。一方面，制定全行整体线上化管理政策，作为基本管理制度；另一方面，线上研发的科技系统必须建立相应管理制度，对线上化系统运维、产品研发、工作流程等进行规范管理。

三、数字化转型的方向

数字化转型的方向就是推动商业模式转变，以适应变化的市场、激烈的竞争、技术的迭代。商业模式简单来说是企业通过什么途径或方式来赚钱，具体包括资源组织、产品生产、产品分销、利润分配等。商业模式是逐步演变的过程。在传统工业时代，商业模式的原型非常简单，就是制造并销售物品。企业主要关注两个方面：一是成本，包括制造成本和流转成本；二是产品的定价，要覆盖成本并实现一定的股权收益率。商业模式倾向于垄断、寡头方式，以获取对客户的定价优势。当前工业生产能力已经大大提升，产品告别稀缺时代，但制造与需求之间的错位日益突出，需求进入个性化时代。互联网的广泛使用颠覆了传统商业模式：一是信息交互成本大幅下降；二是大量物流企业、电商企业诞生，降低了产品流转成本；三是客户触点多元化，企业整体边际成本降低，单个客户获取成本基本为零，传统商业优势体系崩塌，对客户痛点的解决方案和对客户价值赋能成为成功的关键，企业的价值体现为资源整合能力、流量经营能力、创意创新能力和敏捷反应能力。在产品设计上，基础性产品免费，知识化、创意性、增值型产品收费逐渐成为新的模式；在获客渠道上，在传统的 B2C 模式的基础上，逐步增加了 B2B2C、B2B、C2C、O2O、BNC 等方式；在价值实现环节上，由原来获客与售卖环节高度统一，转变为获客与实现交易相对分离的方式。

对商业银行来说，传统的经营模式及价值输出模式包括以下几个方面：一是吸收存款，实现资金价值；二是发放贷款，尽量降低成本；三是实现资金结算，尽量提高效率；四是信用中介，进行信用风险识别、控制和定价。随着我国经济已经迈入以互联网和信息技术为驱动的"新经济"时代，自媒体、自金融、区块链、支付宝、微信支付等不断冲击传统商业银行服务模式，客户对银行的期待也在持续变化，商业银行自身的商业模式也要与时俱进作出调整。万通控股董事长冯仑的观点对商业银行的商业模式转型很有借鉴意义："传统思维只有一个，就是捍卫基于信息不对称的既得利益。当互联网来袭时，不要抗拒，而是拥抱。拥抱的方法就是逐步放弃原来基于信息不对称的既得利益，同时利用对行业的洞察，找到新的价值主张，重新树立自己的优势。"

（一）重构商业模式

商业模式建立在对客户、银行、资源充分了解的基础上，首先要知己知彼，从客户痛点出发，确定对客户的价值赋能方式和银行盈利模式，设计相应的产品，确定客户服务的流量入口，促进实现商业成交，并建立商业闭环，实现持续迭代。商业模式要坚持轻量化模式，具有对客黏性和自身的可持续性，构建起"护城河"，避免被轻易模仿，形成竞争优势（见图1.4）。

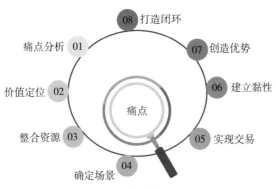

图 1.4　商业模式流程

商业模式画布是商业模式设计中可以借鉴的工具，该工具能系统表述模式设计的各个关键要素，确定客户价值、服务效率和银行价值的实现方式（见图 1.5）。

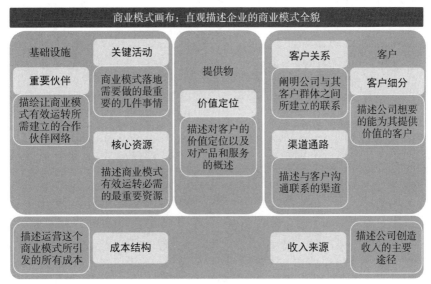

图 1.5　商业模式画布

1. 找痛点

客户的痛点一般包括以下几个方面：一是需求，也就是其对应的产品的功能；二是价值，即其对应的产品的价值；三是效率，其对应整个购买过程；四是体验，对应服务或者环境；五是情感，就是客户的心理感受。要找痛点，第一，要换位思考，站在用户角度，把自己变成重度用户。听客户十句话，不如穿上客户的鞋，走上十公里路。只有你真正地站在客户角度，才能真正体会客户在使用产品这方面未被发现的需求。第二，要邀请用户参与产品设计，尊重用户意见，提高参与感。用户是最佳的产品经理，用户的意见就是产品开发的重要指导意见。商业银行客户痛点主要集中在以下几类：一是时间成本类，主要是业务历时较长，客户要到网点办理业务，在交通、网点排队等程序上浪费时间；二是程序复杂，业务办理烦琐，以抵押贷款为例，需要审贷、评估、公证、抵押、放款等环节；三是搜寻成本，客户与市场是信息不对称的，"货比三家"需要时间、信息等方面的投入；四是供需失衡，银行条件与客户需求存在矛盾，金融普惠性不够；五是个性化服务不足，普遍还是银行提供标准化产品，离客户真实的想法有一定差距；六是违规金融服务的干扰，不少人群缺乏识别能力，被卷入高利贷、套路贷、非法集资等非法金融活动中。

2. 出爆品

互联网自带裂变式传播功能，人人都是自媒体，用户消费就是新一轮营销的开始，生产商一百句宣传，不如用户一句宣传，要实现这一效果，就要坚持爆品法则。所谓爆品，就是找准用户的痛点、痒点和爽点，创造出足够好的产品，并集中所有的精力和资源，集中突破，形成口碑效应和链式反应，往往不到几个星期就能引爆市场。例如，中原银行基于市场需求而创新推出的"永续贷"产品，就是一款住房抵押贷款领域的爆款产品。中原银行经过痛点分析发现，传统住房抵押存在抵押完成时间漫长、多次往返银行手续烦琐、抵押率低、贷款期短、贷款期与用款时长不匹配等问题，于是集中科技资源和人员队伍，开发线上"永续贷"产品，实现用户便捷申请、绿色通道一条龙服务、一次申贷最长30年、循环额度、按日计息等功能，有效解决了客户痛点。产品推出后，广受欢迎，迅速形成"永续贷，就是快"的市场口碑效应。

3. 选触点

未来金融产品的销售模式是在各种互联网场景中实现的，客户已很少再到网点办理业务。好的产品也要有好的互联网触点，让客户能够便捷获取银行服务。触点具体类型包括以下几种：一是适应移动化设备，比如手机 App 等；二是到岸式服务，建立各类银企直连系统；三是嵌入式，如对接微信、淘宝商城等；四是与硬件设备相连接，如物联网系统等；五是各种外部合作平台，如京东金融、平安普惠、支付宝等；六是实现线下网点转型，采用线上线下结合（O2O）方式。触点发展方向主要有两个：一是融合大数据应用、人像识别、指纹识别等手段，向智能化、无感化方向发展；二是向生态化方向发展。

4. 增黏性

客户对企业的认同是逐步深化的，由最开始的知道，到之后的单个产品成交，再扩展为对整个企业的认同感。商业黏性是一种形象的说法，表示商业银行提供的金融服务产品对客户形成持续的吸引力，客户不愿意投入成本去另外选择别的银行产品。商业银行普遍通过交叉销售、激活休眠客户、营销活动等方式，增强客户黏性，长期来看，增强客户黏性的手段更应该注重在大数据基础上，提供个性化产品，增强产品的文化情感认同，构建具有社交和商业功能的生态圈，让客户有参与感并持续改进客户体验。一些互联网金融公司在金融产品销售中，回应公益扶贫扶弱、环保诉求，都是增强客户文化情感认同的措施。

(二) 实现商业模式生态化

互联网对商业的一个重要改变在于经济活动生态化分工。数字化时代信息需要互通，对市场响应需要敏捷化，商业银行不可能通过自身的数据来洞见客户，也不可能通过长周期投资实现快速响应客户需求，更没有能力在网络各个角落投入资金建立自己的客户触点，唯有通过生态圈的方式，跨界连接经济金融活动的参与主体，才能扩展数据及金融资源渠道，有效缩短时空距离，提升系统响应能力。生态圈对客户来讲也具有很重要的意义，通过建立生态圈，可以整合信息流、物流、资金流、消费圈、赚钱圈、社交圈，个人客户大大增强了"衣食住行娱养医教"的便捷性，企业客户能够更便捷寻找到目标客户，降低交互成本，这样实现了对客户价值赋能，间接增强了客户黏性。

1. 生态圈的特征

生态圈的典型特征有以下几个方面：一是分工合作，相互能取长补短；二是竞争，实现优胜劣汰；三是迭代，能不断进化。金融生态圈的参与主体呈现多元化特征，如银行、基金、券商、第三方支付、保险、居民、企业、科技公司等，原来相互竞争的关系，也能够走向合作。合作诉求主要围绕场景、客户、数据、技术、资金等资源的共享开展。

图 1.6 为不同类型金融科技主体比较优势示例。

	场景	客户	数据	技术	资金
转型金融机构		✔	✔	✔	✔
平台型企业	✔	✔	✔	✔	
细分业态龙头		✔	✔	✔	

图1.6 不同类型金融科技主体比较优势

2. 生态圈的模式

商业银行生态圈内涵丰富，模式不一，构建思路主要有以下几种：一是 B2B2B/B2B2C 模式，即围绕核心工贸企业的 B2B2B（Business-Bank-Business）、B2B2C（Business-Bank-Customer）模式，银行搭建平台，提供嵌入式的资金结算、现金管理等服务，企业、个人客户在平台上进行产品和服务的交易，许多供应链生态圈即按照这一模式设计；二是 P2P（Peer-to-Peer）模式，在规范的前提下，可以搭建客户相互交易的平台，比如可以实现个人客户的理财产品、大额存单、债券类产品在线上进行转让；三是 O2O（Online-to-Offline）模式，通过线上流量入口引流客户，在线下对接服务，或在线下体验，在线上实现交易；四是交叉引流客户模式，相互介绍客户，如保险企业、信托企业、资管企业与银行企业相互介绍客户，也可以是银行与物流企业合作，搭建金融与非金融产品相互结合的模式，实现客户交叉引流。

3. 构建生态圈的策略

商业银行构建生态圈要注重策略，发挥优势并巩固优势。资产规模大、综合实力强的国有商业银行和全国性的领先股份制银行要考虑以自建场景、流量入口、金融产品和服务体系为主导模式建立生态圈；资本实力较弱的中小商业银行，要发挥深耕区域的优势，聚焦区域特色，因此服务于政府的 G 端生态圈、服务于核心企业的供应链生态圈、服务于社区的便民生态圈、服务于"三农"的农村生态圈的构建是生态圈建设的可选择切入方向。以供应链金融生态圈为例，这一生态体系包括商业银行、行业龙头企业、供应链管理公司、物流公司、B2B 平台、外贸综合服务平台、金融信息服务平台、信息化服务商、基础设施服务商，商业银行可以推出集团资金池业务，作为围绕核心企业构建生态圈的突破点，再逐步延伸到上下游公司、中介服务公司、信息服务企业，实现信息互通、资金互通、撮合交易等功能，有效赋能客户。

四、打造大数据分析应用能力

大数据分析能力是数字化驱动的最核心要素，数据是"燃料"，数据分析模型是"发动机"，策略是驱动力。商业银行要建立工程化的数据采集、整理、分析、应用的数据管理能力，建立从数据洞见、策略执行到策略反馈的闭环管理。商业银行数据应用总体运行架构如图1.7所示。

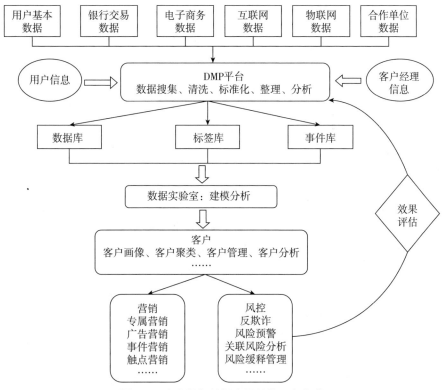

图1.7　商业银行数据应用总体运行架构

具体来看，数据分析应用能力建设需要从以下几个方面着手。

（一）建立数据管理平台

大数据具有种类丰富、规模巨大的特点。为此，商业银行需要建立一个具有数据搜集、清洗、标准化、整理和分析的数据管理平台。数据管理平台的基本要求包括云端化，分布式，能处理结构化、半结构化和非结构化数据。数据管理平台并非一定是一个系统，实际应用中为便于操作维护，可以是基于云平台的多个系统的聚合体，具体包括以下三类功能性平台：一是基础数据平台，主要进行数据归集、清洗、整理，为各类数据分析应用提供一致的基础数据；二是数据分析平台，具备海量数据离线处理和流式计算能力，按照数据模型策略，对各类数据进行加工分析；三是数据展现平台，支持业务人员实时、可视化的分析展现，具备将数据服务嵌入业务流程和场景应用的能力。

（二）建立良好数据治理机制

准确的数据分析需要高质量的数据支持。数据治理是数字化转型的基本功，就是在明确数据责任的前提下，为提升数据质量和促进数据发挥业务价值而开展的数据系统化管理。从内部数据看，商业银行数据来源包括柜面终端、自助设备、手机银行、网上银行形成的庞杂数据，而传统系统架构、业务流程、数据存储存在内部技术壁垒，散乱无序，标准不一，信息采集要求不一。从外部看，电商平台、社交网络、移动通信等多渠道、多类型的数据也需要整理聚合才能使用。

1. 明确各层级数据治理职责

建立数据治理的组织架构，明确数据治理顶层设计、规则制定、执行层的权责范围，打通数据治理跨部门、跨条线的实施路径，有条件的银行可以建立专门的数据管理部门，负责数据全生命周期管理的协调推进工作。

2. 制定数据治理标准

数据治理标准与数据采集规则一脉相承，可以将多源数据进行标签化、场景化、资产化的统一规范管理，要设计标准化的数据采集语言，准确定义数据名称、技术参数、业务属性、数据采集加工规则等，保证数据质量，避免基础数据缺失。相关标准可以参照行业数据标准，便于后续数据交换。

3. 建立数据质量检验机制

数据治理并非一蹴而就，是一个精益管理的过程，而数据质量是衡量数据治理质效、持续提升信息化建设能力的基石。通过数据质量检验，可以发现哪些业务在哪些方面数据质量问题最多，从而推动相关业务系统的有效改进，促进实现数据治理闭环管理不断提升的良性循环。

（三）大力扩展数据来源

商业银行数据来源包括自我积累的历史数据和从外部获取的数据，数据性质一般包括交易信息、事件信息、标志信息。

1. 内部数据获取

内部数据是商业银行数据来源的主要渠道，数据获取的主要任务是补全客户信息。过去，为改善体验、提高效率，存在客户柜台填写资料不完整，客户不愿填写、虚假填写或随着时间推移客户信息失真等问题。这需要使用一定策略进行补充完善，如引导客户到网点参与活动补充信息、在合法合规前提下对部分关键信息不完整的情况限制交易促使客户补充信息及开展网上调查问卷等互动活动补充信息。

2. 外部数据获取

一方面，外部数据可以通过构建金融生态圈的方式进行数据获取，如通过自建和合作拓展场景的方式触达客户，不断完善客服记录、点击查阅、地理位置、态度评论等非结构化数据的收集渠道，推动数据采集从交易数据向交互数据延伸；另一方面，可以与数据服务公司、金融科技企业、征信公司等，采取合作、共享、并购等方式，丰富客户数据维度，提高后续数据分析与建模的准确度。积累的历史数据反映的是过去状态，且维度是金融交易维度，与客户画像要求还有较大差距。外部获取的数据来源及其维度较为丰富，与内部数据能够形成相互补充的效果。

（四）建立数据应用闭环

大数据挖掘分析是通过对海量数据进行抽取、转换、分析和模型化处理，从中提取出有助于商业银行决策的关键数据，主要集中在客户画像、精准营销、风险管理、精益管理等方面。大数据算法需要大量的计算能力做支撑。数据的算法常用的方法有分类、回归分析、聚类、关联规则、神经网络方法、Web 数据挖掘等。对非结构化数据，如语音、图片、视频、生物特征等，还需要运用自然语言学习、机器学习等方法。

1. 数据建模思路

大数据分析技术经过多年的发展，已经形成了一系列成熟的数据建模思路和分析工具。CRISP-DM（Cross-Industry Standard Process for Data Mining，跨行业数据挖掘标准流程）数据挖掘方法论是被业界广泛采用的。此方法论将一个数据挖掘的流程分为六个阶段，依次是商业理解、数据理解、数据准备、建立模型、模型评估和模型发布（见图1.8）。

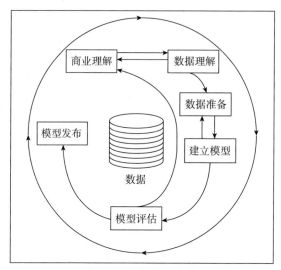

图1.8 数据挖掘流程

（1）以商业理解构建标签体系。商业理解可以来源于已有的认知逻辑，如经常购买儿童用品，可以标记为已有子女的父母客群；经常浏览出境旅游网站信息的，可以标记为高价值客群。商业理解也可以来自大数据的相关性分析，通过数据分析发现原本似乎无逻辑关系的行为总是高度相关的，如绿色和红色闹钟是一起购买的，红纸杯、餐巾纸和纸板是以总体概率提高的方式一起购买的。

（2）将商业理解转化为数据理解。简而言之，这就是让建模人员能够理解业务人员的想法，通过数据计算，挖掘到想要什么样的数据结果。比如，数据挖掘购买存单的人群，经常浏览货币型基金信息的客户，其风险偏好较小，年龄在40岁以上的人群，财务相对富余；多种标签结果还需量化，并赋予一定的权重，最终多标签合并，要告知数据分析人员这样的一个内在推理过程，就是数据理解。

（3）数据准备。数据准备是指根据商业理解和数据理解，寻找对应的并且有足够数据体量的数据源。

（4）建立模型及模型评估。数据建模就是将一系列标签利用数据查询语言进行表达，形成一个标准化的查询语言，通过模型计算结果，形成有价值的信息。数据模型需要结合实践进行训练，反复验证，持续修改完善。

（5）制定营销策略。总部将模型计算结果传送到客户经理，根据目标客群的特征，结合营销目标，配合相应的营销资源，组织相关的营销活动。营销策略要尽量精准，客户信息维度要尽量丰富，便于客户经理制定个性化的产品服务策略。

2. 基于数据营销的案例

同质化、充分化的竞争导致某商业银行存量客户流失严重，尤其是存款到期之后的波动非常大。为了稳定客户，大幅降低到期存款的流失率，该银行采用大数据的方式，对储蓄到期人群的行为进行预测分析，为到期人群建立行为预测模型，针对细分客群的不同表现匹配精准营销策略，实现到期资金的持续流入、产品的精准供给和客户经理工作量的优化。

在以上理解的基础上，建立数据模型，进行数据聚类分析，得出以下不同客户类型的典型标签特征（见表 1.2）。

表 1.2　不同客户类型的典型标签特征

客户类型	特征	流失情况
持有多类型产品	男性比例高，45~55 岁人居多	低
	经济条件好，多次购买	
信贷类客户	年龄、行龄均较低，工资代发比例高，历史购买定期次数较少	高
曾有过投资行为的客户	忠诚男性老客户偏多	较低
	偏爱一年期定期产品	
多次购买客户	高行龄客户偏多	低
	历史上多次购买定期产品，提前支取次数高	
长期产品钟爱客户	65 岁以上比例高，3~5 年行龄较多	低
有短期理财需求客户	45~55 岁，工资代发比例高	较高
	提前支取率高	
1 年期死忠粉	65 岁以上	较高
	偏爱一年期定期产品	
首单定期客户	年龄偏小，过半行龄小于 2 年	高
	偏好 1~5 年期产品，提前支取率低	

在为客户进行画像设计后，该银行分析了客户到期后的四种资金情况，分别为到期自动续接、到期购买理财产品、到期转为活期和到期流出行外，针对这四种不同的情况，采取相应的针对措施。

对于前两类流失率较低的客户，该银行采取了存款到期前七天短信到期提醒的方式，并取得了较好的效果，客户自动续存率有效提升。

对于较高流失的两类客户，该银行开展了一对一电话联系。首先，在客户产品到期前七天，通过模型筛选客户并下发至客户经理的系统中，同时制定"七三一"的策略频率，即产品到期前七天提示客户资金即将到期；三天前询问资金使用意图，推荐合适的产品并确定到访时间；一天前再次确定到访时间，通过高频度联系客户确保资金减少流失。其次，各个区域客户的产品需求和活动需求不同，该行采取"一地一策"的方法，让分行在经营过程中不断迭代优化策略，确保满足各地客户的个性化需求。最后，通过分支行的执行反馈结果，不断优化迭代总行的客户筛选模型，让模型达到更为精准的命中率。

（五）建立数据输出平台

数据加工分析最终要输出成果，这就需要建立数据输出平台，平台要具有响应渠道多元化、移动化、可定制、实时反馈的能力。数据输出包括以下几个方面。

1. 客户画像

客户通过大数据手段实现客户画像，实现客户账户级、交易级、行为级、关联方等方面全方位的分析，丰富画像标签维度，持续提高识别的精准度，为用户界面个性化、产品设计、营销策划和优化体验提供依据。

2. 业绩展示

在传统对客户、渠道、产品（RPC）维度基础上，建立对渠道、场景、生态圈等线上经营模块的统计分析体系，并细化到产品销售各个环节，如呼叫响应、有效访问、服务转化、产品购买等，为业务发展提供数据支持。

3. 管理信息

为管理层决策、监管报送、合规审计、信息披露、风险管理、运营管理、绩效管理提供支持，实现移动推送，减少人工劳动，提高数据准确率和及时性。

传统的数据展示多以报表形式展现，数据传递信息不够丰富直观。数据输出平台要善于运用大数据展示工具，如热力图、雷达图、桑基图、聚类图、客户社交图谱、决策树等。这在许多处理大数据软件中都能实现，如R语言、Python等。

图 1.9 和图 1.10 为两个展示示例。

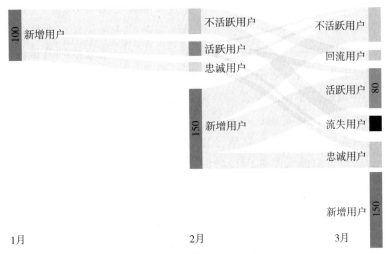

图 1.9　客户转换桑基图

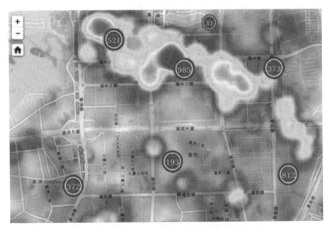

图 1.10　区域分布量热力图

五、推动以"双速 IT"开发模式为核心的科技转型

科技在数字化转型中发挥先锋作用。中小商业银行的科技力量普遍较弱，部分科技支撑严重依赖外包服务供应商，导致银行无法掌握核心技术，传统 IT 架构难以满足市场多样化需求驱动的产品迭代创新。科技转型就是要对传统的系统架构、开发模式、基础设施等进行改造，建立分布式、平台化、服务化、标准化的技术架构，实现敏捷交付，为发挥数字驱动力

和提升迭代效率创造条件。

建设"双速IT"架构，是实现敏捷开发的重要实践方式。所谓"双速IT"，可以理解为"两种速度"：一种是银行核心业务系统，系统规则具有相对的稳定性和可靠性，以传统瀑布式交付方式，逐级推进升级改造；另一种一般是对客户端、渠道端、具有市场时效性和敏感性的系统，根据市场需求及时调整，如产品配置、资金定价、业务流程、客户信息等，以敏捷交付方式迭代。要实现这一目标，必须搭建起有别于基础架构的独立、灵活的应用系统架构，并建立集开发测试于一体的微服务平台，可以独立地部署、运行，实现微服务内与微服务间的有效拆分应用，最终通过市场反馈不断迭代升级（见图1.11）。

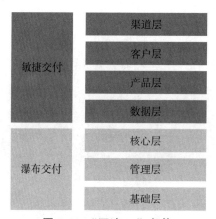

图1.11 "双速IT"架构

（一）应用系统架构转型

传统商业银行应用系统架构普遍采用单体架构，这类架构将所有功能都部署在一个Web容器中，容易开发和部署，适合于简单的应用需求，但也存在重要缺陷：一是大部分功能固化在核心系统中，模块之间耦合度太高，系统的扩展性差，其中一个模块升级，其他都要升级，编译、测试、开发历时长，要增加新的功能和产品，往往要对系统"开膛破肚"，甚至暂停业务，不能灵活地进行分布式部署；二是单体式应用系统架构之间如一个个竖井一般，存在数据、信息、流程的孤岛，难以应对大规模系统和数据响应，也无法实现功能、组件、流程等方面的代码共享（见图1.12）。

图 1.12　传统应用系统示例

　　应用系统架构转型的方向就是要对原有系统进行分布式、平台化、服务化、标准化的改造，形成"平台+功能"的架构模式。一是将底层核心业务系统与产品逐步剥离，对原来固化在系统中的具体功能进行解耦处理，建立起开放性、兼容性、迭代性强的平台型系统架构。二是建立微服务平台。微服务是一种构造应用程序的方法，应用程序被分解为更小、完全独立的组件，这使得它们拥有更高的敏捷性、可伸缩性和可用性，完全独立的微服务组件，有助于实现完全自主的所有权（见图 1.13）。

图 1.13　系统解耦示意图

（二）构建云端平台

　　数据转型对计算和存储的能力、效率提出了更高要求，这在一般单体架构服务器上难以实现，因此，建立云计算平台十分必要。云计算是指在广域网或局域网内将硬件、软件、网络等系列资源统一起来，组成 IT 资源池，按需所用，灵活便利，实现数据的计算、储存、处理和共享的一种信息技术。云计算是一种理念，是分布式处理（Distributed Computing）、并行处理（Parallel Computing）和网格计算（Grid Computing）的发展，是互联网开放、共享的具体体现。通过云平台标准化、规范化、自动化的功能及资源调度，商业银行可以实现资源的分钟级交付、弹性供给、灵活调度，增强应对互联网潮汐式业务场景的资源管理服务能力，提升业务支撑服务质量和效率。图 1.14 为云平台架构与传统架构在系统资源分配上的优势对比示意图。

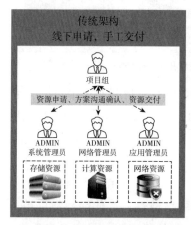

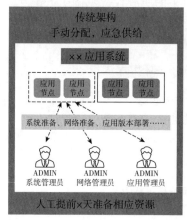
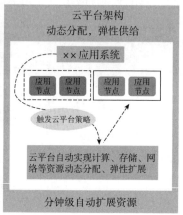

图 1.14　云平台架构与传统架构在系统资源分配上的优势对比示意图

在部署云平台时，一方面要考虑云平台的功能定位。商业银行可以差异化使用公有云、私有云和混合云的云模式。公有云通常是指第三方提供商用户能够使用的云，价格低廉，但通常不能满足有关安全法规遵从性要求，而且在线流量峰值期间可能效率会严重下降。私有云可部署在企业数据中心的防火墙内，也可以将它们部署在一个安全的主机托管场所。私有云极大地保障了安全问题，目前有些企业已经开始构建自己的私有云。混合云是公有云和私有云两种服务方式的结合。另一方面要考虑云平台外提供服务的模式，即 SaaS（Software-as-a-service，软件即服务），或者 PaaS（Platform-as-a-Service：平台即服务），或者 IaaS（Infrastructure-as-a-service：基础架构即服务）。SaaS 主要将应用作为服务提供给客户，PaaS 以服务形式提供给开发人员应用程序开发及部署平台，IaaS 主要是将虚拟机等资源作为服务提供给用户。云平台建设是一项复杂的系统工程，要遵循长期规划、分步实施的原则，前期立足于满足 IaaS 层，后续根据实际需求逐步支持 PaaS 和 SaaS 的实现。

打造"双速 IT"一般可以采用三种路径。一是另起炉灶重建 IT 架构，由于原有 IT 架构变更在一定程度上会对系统的安全稳定性产生影响，抛开现有体系，从零开始在现有 IT 组织之外建设敏捷的 IT 模式，花费成本较高，但可免去系统解耦的过程。二是局部隔离打造敏捷 IT，在传统 IT 架构基础上，抽离出可以独立成体系的流程，与常规工作相分离，逐步建立"双速 IT"架构。该种模式对系统的稳定性和技术人员的能力要求较高。三是借力发展，收购现有"双速 IT"运营企业，省去转型过程，可直接获取"双速 IT"开发能力。该种方式适用于文化融合与技术培育模式较为成熟的企业。

中小商业银行应根据自身的资金能力、科技实力、人才战略等稳步推进"双速 IT"的建设实施。对于习惯了传统 IT 运作方式的银行来讲，"双速 IT"能力的打造需要准确把握实施落地过程中的几个关键点：一是构建"双速 IT"转型的核心是为了快速响应客户需求，提升整体运作质效，不仅是 IT 部门的事，更需要业务部门的共同参与；二是要重视 IT 的顶层设计，要符合时代发展的前沿趋势，需要具备前瞻性和延展性；三是"双速 IT"要"快"且"稳"，敏捷所倡导的"快"是在有一定容错范围前提下，小步快跑快速迭代，不可忽视开发代码质量等基础问题所带来后续系统性漏洞，同时要对传统交付方式进行精益改造；四是要重视技术赋能，建立敏捷 IT 不仅引入迭代式增量软件开发过程（Scrum）等开发方法及流程，还要实现全链条的快速高效，需要很多环节的自动化支持，如代码质量监控、自动化测试、持续集成等，构筑利用技术手段优化系统的测试运维环境也至关重要。

六、推进组织敏捷化转型

数字化转型的核心是精准、高效，能够快速响应客户需求。组织是快速响应的基本保证，但传统组织架构运作方式成为快速响应的瓶颈。首先，传统银行是以合规文化为主导的组织架构，其特征是"科层制、多级分行制"，组织结构呈金字塔形，管理层次过多、信息传递周期过长、部门间职能交叉，沟通协作效率慢；其次，人员结构中专业性突出，但复合型人员较少，开发人员、业务人员、数据分析人员分布在各个专业部门；最后，流程以部门权责划分为根源，不是以客户为中心，业务流程不断细化，导致客户服务效率的下降。对于中小银行来说，由于人员有限，人员素质与数字化转型有一定距离，缺少以较低的成本快速适应外部变化的能力。通过建立敏捷型的组织，从各专业部门选调人员，组成跨部门的实体组织，可以打破传统的部门壁垒，充分调动人员的积极性，发挥人员价值，从而更高效地实现目标。

（一）敏捷组织的运作方式

麦肯锡全球资深董事合伙人张海濛表示："敏捷组织要具备两个方面的支撑，既要有高度稳定的平台、完善的结构和流程，也要具备快速行动和应变的能力。例如，把组织打散，组成很多个创业小团队，不仅内部有竞争，相互之间也有竞争，一切以价值创造力和客户需求为导向。创业团队的成效怎么样，组织内部很快就能反映出来。同时，创业小团队还能得到组织足够的授权和资源。"敏捷组织的实践较多，其中 Spotify 方式组织架构比较灵活，可延展性较好，可以为银行业提供较强的借鉴经验。这是由 Spotify 音乐公司总结出来的一套敏捷转型方法，它的组织架构为：一是分队（Squads）。分队是 Spotify 的最小开发单位。一个分队类似于一个 Scrum 团队，也很像一家迷你型创业公司。分队中的成员坐在一起，他们具备设计、开发、测试和产品发布所必需的全部技能和工具。一个分队是一个自组织团队，决定自己的工作方式——有的分队使用 Scrum 中的迭代（Sprint），有的分队使用看板（Kanban），还有的综合使用上述方法。每个分队都会有一个长期的使命。比如，开发和优化 Android 客户端、打造 Spotify 广播功能的用户体验、扩展后台系统、提供支付解决方案等。不同分队负责用户体验的不同部分。借鉴运用 Spotify 方式的公司有平安银行、海尔集团等。

敏捷组织运作主要支柱如表 1.3 所示。

表 1.3　敏捷组织运作主要支柱

敏捷组织抓手		稳定的主心骨	动态能力
架构	枢/线	制定清晰的主轴心和次轴心，在此后的5~10年保持不变	灵活地增加或解散跨职能团队，每个团队都可自主运作
	角色/职责	职位描述简明扼要，阐述岗位期望和必要能力，以便在整个组织内统一	管理者鼓励员工发挥主动性，自行优先排序，为客户或者公司最好的利益而努力
	治理	制定清晰的决策框架，高管可以专注于战略决策	在组织内尽可能地深度授予和分配决策权
	界限/位置	思考建立总部中心的选择（例如，总部选址、共享服务和专业能力中心）	将外部伙伴关系作为明确的业务模式，实现技能/人才/专业能力外包
流程	流程/决策	标准化核心流程，最小化规格，运用相同的语言	利用标准流程实现动态平衡（允许控制范围内的变动，实现大范围与开放的参与，无须重新发明/澄清）
	绩效管理	绩效管理系统结构不正式，但覆盖了跨职能项目和包含大部分联合KPI，以推动协作；同侪压力	频繁审视计划、重点项目和资源配置，高频率地进行绩效管理/反馈
人员	文化	高度共享价值观，强调问责制与协作制；领导层在"如何运作公司"方面意见一致	帮助员工点燃个人宗旨和激情；每天都致力于实现增长/创新；促进健康的竞争
	人才与技能	公开招聘岗位/人员配置市场；选择式招聘	

资料来源：麦肯锡。

敏捷业务单元就是一个个的创业小团队，具体包括敏捷小组和敏捷部落。

1. 敏捷小组及成员构成

敏捷小组是敏捷组织架构中的最小行动单位。以往的敏捷小组往往被片面地认为是稳定、高效、精益的组织或者是动态、灵活、迅捷的组织，实际上敏捷组织具备动态的能力和稳定的主干，不仅能稳定、高效、精益，又可根据市场需求的变动灵活多变。

敏捷小组是由产品经理、业务分析师、市场营销师、数据分析师、开发工程师、测试工程师、UI设计师组成，同时小组成员中会有一名兼职的

Score Master。这些成员共同组成的跨职能实体团队，端到端地负责产品从开发到市场反馈的调整。

产品负责人（PO）是一个全职行动小组成员，负责带领行动小组推出能够实现组织目标、满足客户需求的产品和营销活动。敏捷小组打破了以往小组长委派任务的工作模式，作为产品负责人，PO 除了自己工作的角色之外，还被充分赋予权限，能够打造一支高效团队，有权限对产品待办列表进行决策。

业务分析师（BA）是行动小组中的业务职能岗，负责一个或多个细分市场中的产品/渠道/流程端到端的开发、管理、协调和优化工作。

市场营销师（MT）是行动小组的业务职能岗，负责在行动小组中为产品/客群制定营销策略，并支持分支行营销举措落地。

UI 设计师（UI）是行动小组中的业务职能岗，负责行动小组中为产品和营销活动进行用户体验设计和产品界面设计。

开发工程师（Dev）是行动小组中的技术职能岗，负责行动小组中根据业务需求完成产品及营销活动的软件开发和 SIT 测试，并对小组的产品功能优先级排序提供技术角度的建议。

测试工程师（Test）是行动小组中的技术职能岗，负责行动小组中为开发出的产品/营销活动 IT 软件进行测试，以保证其可靠性。

数据分析师（DA）是行动小组中的技术职能岗，负责支持行动小组和部落内的数据治理和数据应用工作。

2. 敏捷小组工作模式

敏捷小组的工作模式要求团队的每一个成员都能在共同的场地办公，通过定期的敏捷会议形式，包括迭代规划会、每日站会、迭代展示会、迭代回顾会等，以快速的方式进行工作。这在两方面有显著的提升：一是把传统瀑布式具有多个长阶段任务、递增式推进的模式变为短周期、持续的循环优化，也就是迭代开发；二是不断调整优先级，频繁交付、获得反馈从而持续改进完善，成功解决了瀑布式开发流程过长、见效过慢的情况。

传统的工作模式与敏捷工作模式对比如图 1.15 所示。

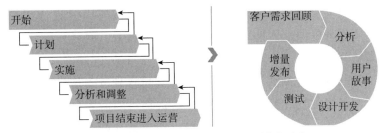

图 1.15　传统工作模式与敏捷工作模式对比

敏捷小组有以下工作联络和信息沟通机制。

（1）最小可行产品（MVP）。敏捷创业主张围绕"最小可行产品"进行迭代优化和交付，用最快的方式建立一个包含刚刚足够可用的核心功能和产品版本，满足最早一批客户的需求并能够搜集他们的使用反馈，然后通过后续迭代来逐级调整和完善产品。

（2）用户故事。敏捷需求的传递鼓励面对面沟通和必要的轻量级文档，从而确保信息的最有效传递。用户故事地图的目的就是让所有人理解要做什么、为谁而做、为什么做。

（3）产品待办列表（Backlog）。这是小组所有待办事项的清单，清单里的每一事项都有优先级和工作量估算，小组会优先完成排级高的事项，低优先级的任务清单相对可以粗略和模糊，只有高优先级的近期要做的任务才会投入更多的分析人力。

（4）迭代开发方式。敏捷行动小组采用迭代开发方式（Scrum）来开展日常工作。迭代开发是一种行动小组的增量、演进式的工作方法，每次迭代里小组各角色工作（需求分析、设计、开发和测试）并行开展，完成一个全体小组共同认可的迭代目标（如交付一部分可以的产品），然后投入使用，并持续搜集客户反馈意见，同时集体检视本次迭代的问题，并在下一个迭代中优化改进（见图 1.16）。

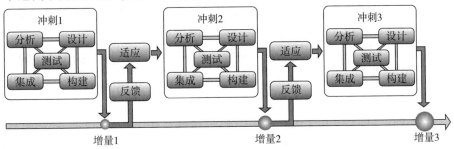

图 1.16　Scrum 采用迭代和增量式开发

（5）工作量估算。敏捷的工作量不是按照完成时间点进行估算，而是以理想人天作为单位来估算每一个用户故事和任务，同时可以用相对规模的单位做估算。

（6）敏捷交付计划。一个产品的敏捷交付计划分为迭代计划和发布计划，一次发布通常包含多个迭代，每个迭代都可能需要在修复之前迭代发现的缺陷。随着迭代的推进，团队就可以作出更加精准的新预测。对于估算和计划的正确理解和上下期望一致是敏捷方法得以成功运作的关键。

（7）可视化管理和看板。看板是一个可视化的任务管理工具，能够可视化展示小组任务的进展状态、工作的流程和规范。通过可视化流程中的瓶颈，团队能够共同发现问题、快速解决问题，不断优化流程、解决瓶颈，加速任务在整个流程中的流动，缩短任务的交付周期。

（8）迭代度量。这是对迭代工作量完成进度的管理方法，工具主要有燃尽图、累计流图。

3. 敏捷部落及成员构成

敏捷部落是多个敏捷小组的集合，对银行而言，针对市场的部落大致分为三种类型：一是产品部落；二是客群部落；三是渠道支持部落。总体上讲，产品部落聚焦端到端地打造最能满足客户痛点的产品；客群部落专注于客群的经营；渠道支持部落主要负责渠道搭建，从而确保产品能够快速地投放至客户手中。

（1）部落的架构。部落是由多个敏捷小组共同组成的集合，部落的工作目标聚焦于一大类人群、一类产品或渠道，然后再将工作目标细分至各个小组，例如，大众客群部落的目标就是以大众客户的痛点为导向，服务大众类客户，下设诸如中老年客群、青年客群、拆迁代发客群等小组，每个小组围绕客户痛点解决问题，有效开展各项服务。

（2）部落负责人。部落负责人是全职管理部落各行动小组人员、对部落经营目标负责的部落领导。部落负责人负责实现部落的业务目标，规划和调整工作优先级，负责行动小组间的资源协调、与其他部落和职能部门等的沟通，以及营造部落内透明、开放的工作氛围，确保部落的高效运转。

（3）敏捷教练。敏捷教练是从敏捷专业中心派驻到部落中，承担敏捷方法和思维模式推广的全职工作角色。敏捷教练负责辅导部落和行动小组的日常工作，推动敏捷工作流程和实践的持续改进，并促进小组成员工作和思考方法向敏捷思维模式转变。

（4）部落内部的虚拟职能团队。在行动小组间，同一知识技能的人员组成的虚拟团队（5~10人），称为"职能团队"（Chapter），例如业务分析职能团队、市场营销职能团队、IT开发职能团队等。部落内各行动小组的成员按照各自职能划分到虚拟团队内，团队内会定期组织经验分享、学习交流、职能考试等活动，从而确保成员职能的提升。在职能团队中有一名职能队长，称为CL（Chapter Leader），其是该职能团队中较为资深的人才或者专家，其70%的时间会用在自己的行动小组中完成本职工作，剩余30%的时间，将用于负责虚拟职能团队的能力建设工作，包括人才招聘、绩效评估、成长路径设定等能力培养工作。图1.17为某客群部落的案例。

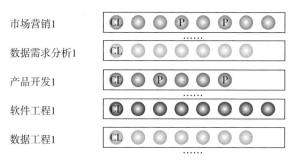

注：1. CL是Chapter Leader 职能队长；
2. P是Product Owner 产品负责人。

图1.17 客群部落内部的虚拟职能团队

案例：商业银行的敏捷化实践

平安银行零售业务在推进智能化转型过程中发现，当业务转型进入深水区，就出现了瓶颈。传统银行的组织架构与当今以客户为中心、快速应对市场变化的客观要求之间产生了冲突。商业银行虽坐拥"硬实力"，如功能齐全的金融牌照、覆盖广泛的线下网点、成熟稳固的风控体系、相对充足的自有资金等，但在"软基因"方面差距甚大，存在互联网思维未成形、组织不够敏捷、科技应用未能引领业务、线上场景流量难以复制等问题，需要"软基因"补位。

建立敏捷组织体系势必影响传统的思维方式、工作方式，并触动原有部分人的利益，要做好内部宣导。从好处来说，高层从"家长式"管控转向"服务型领导"。以前高层很累，事无巨细全要管，现在授权决策下放，更多的是在把握战略方向和调配大的资源上发挥作用。以前中层事事要请示求人，现在决策权和责任更大，成了敏捷团队的中流砥柱。以前基层员工被动接受任务，现在有更多机会主动参与到项目中去。从问题来说，新的工作方式与过往的惯常做法有很大差别，需要普及、宣传敏捷体系。例如，高层是不是真能放权下去，中层和基层一直以来"遇事向上汇报，等上级分配任务"，往往"不求有功但求无过"，敏捷体系则要求他们"端到端"地从头到尾对项目负全责。

　　平安银行设想的敏捷转型目标包括产品上市速度加快、员工积极性增强、流程精简和优化，最重要的是提升客户体验，让客户更满意。通过转型，这些目标都一一实现了。信用卡从产品开发到市场推广的周期从原先的69周缩短到28周，压缩了60%的时间，比市面上最好的竞品快了很多，试点业务流程大大优化。由于产品和服务体验的创新，平安银行的客户满意度和推荐度皆大幅提升。最有意义的是"人的敏捷"，员工的工作热情高涨，成就感、积极性和主人翁意识也增强了，同时，敏捷是一套非常好的人才发现机制，很容易发现自主性强、解决问题能力强、协调能力也强的人才，一大批中层和一线高潜力员工脱颖而出，成为储备人才。

（二）组织敏捷转型的关键事项

1. 敏捷组织的目标设定与考核

　　商业银行敏捷组织考核指标的分解逻辑是总行到条线、条线到部落、部落到小组、小组到岗位四个步骤。总行到各条线主要为直接业务指标，由总行预算管理部对条线指标进行定价，同时明确条线的绩效奖金包；条线到部落主要是部落按照权重承接直接业务指标，由条线综合管理部门对部落指标进行定价，明确部落的奖金包；部落到小组主要是直接或过程指标，由部落长针对行动小组的指标进行定价，明确小组的奖金包；小组到岗位层面主要是通过组员业务贡献体现，产品负责人负责对小组成员设定指标并考核评分，产品负责人评分结果需交由部落长备案并提供评分说明，从而明确组员业绩奖金。

2. 进程推进控制

　　一是经营数据反馈。绕过当前银行复杂的报表体系，以客户交易流水的底层数据作为唯一数据来源，打通全行各类业绩数据，实现规模、客户、收入、机构、团队的多层次分解，从根本上解决总、分、支、个人四个层级间的信息透明问题。

二是经营检视会议。检视以月度和季度检视会议为主，更多是对一个经营周期的销售结果进行评估，在过程中难以很快对分支行的业务经营方向进行纠偏。转型之后，要高频度地沟通以提升组织效率（见图 1.18）。

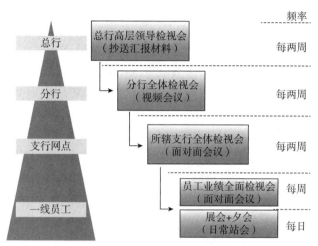

图 1.18　经营检视会议机制

三是经营督导机制。从以自营、培训与事务性工作为主到以经营督导和产品培训为主，分支机构有相应团队进行对接，端到端地负责总行策略在支行的落地，各分行基于所辖支行数量，按比例配置经营督导岗员工，如每四个至五个支行可配置一名分行经营督导岗员工。经营督导岗员工直接对接若干个支行进行跟踪督导，其绩效考核与相关分支机构业绩挂钩。

3. 敏捷文化

战略转型，文化先行，为确保转型的高效实施，需要逐步建立起一套符合银行转型特点的敏捷文化。

一是平等自由。转型中，将现有的部门层级划分减少为三个层级，即团队成员、产品负责人、部落长，有效消除了员工心中的等级观念，同时建立了一条平行的职业技术序列，以确保大家在职业生涯方面有较宽的上升空间。同时，建立员工匿名论坛，在这里大家可以平等提出各种各样的问题以及自己的创意想法，这种消除地位象征并给予大家发声权利的做法，激活了大家的创业意识，所有人都不再仅仅考虑自己的一块工作，而是充分投入整个项目中去，无压力地出谋划策。

二是自我管理。通过充分授权并且信任敏捷团队，员工的自觉性也有显著提升。将以往工作都是部门领导自上而下的安排布置，变为每天早上八点半敏捷小组团队成员都会在一起开站会，所有人都会说头一天的工作情况、存在的问题，以及当天的工作计划，内容全部都会展示在小组看板上，这样的工作机制无形中形成了一种阳光压力，每个人都在比拼如何更努力地工作，提升工作效率，完成既定目标。

三是共同决策。除了更大层面上消除级别的观念外，需要建立起共同决策的问题解决机制，工作不再是自上而下的安排布置，而是改为每个人都要参与决策，PO 也不再是以往从负责人的角度提出要求、安排工作，而是转变为追求最佳结果的引导者，每次会议大家都会面对面地进行沟通，提出自己的意见和建议，排列出工作的优先级，并共同决策。这样做能更好地响应市场的变化，而不仅仅是去遵循计划。

四是 T 型成长。所谓 T 型成长，指的是在以往岗位上追求专业度高的同时培养复合型能力，也就是由"I"变"T"。敏捷团队的工作机制要求团队的所有人在工作中都要视角前移，这对团队的所有人来讲都是一项极大的挑战，也会让大家都倍感压力，也可以称为 T 型压力。在这种 T 型压力机制下，大家主动学习的热情空前高涨。营销人员开始实践通过大数据分析的方式定位目标用户和关注客户营销；IT 开发人员深入产品设计环节，提出了产品设计建议；大数据分析人员从简单的数据分析转变为关注分析如何能够帮助到产品销售；测试人员除了兼顾现有的系统测试外，也探索和学习使用新的敏捷测试方式，同时前置到整个开发环节中。在这个过程中，大家也逐步成长为业界稀缺的 T 型人才。

五是创新思维。在敏捷的工作模式下，考核颗粒度精细化到了每个团队成员，而且个人的激励也与团队的表现紧密挂钩，大家共同承担一个业务目标。这种细化的考核提升了大家的创新意识，团队的成员都能够为了共同的目标，共同参与到全流程中去思考自己的创意。敏捷的工作机制允许不断试错，团队成员涌现的创意能不断丰富到产品的迭代中去，通过市场的检验，持续改进，不断追求卓越。

七、建立金融科技生态体系

生态体系是在一定的环境下结成链式生存依赖关系的总称。科技生态体系能实现数据、技术、设施、人才、资金等方面的互通、互补、互助，能发挥聚合效应，有效降低科技研发成本，实现相互赋能，提高效率，更有利于创造新的模式，攻克新的技术，更便捷地构建自身的商业闭环。

（一）建立金融科技生态体系的必要性

传统商业银行普遍自身科技研发能力相对不足，科技研发普遍采用购买或离岸式的研发承包模式，这种开发模式与商业银行自身传统的瀑布式模式并无二致，开发效率不高。商业银行推进数字化转型，科技研发需要快速迭代，科技系统要求采取平台化、易组装的模式，在岸开发的优势逐步显现。商业银行需要更为强大的、多元的科技力量和数据来源为后盾，打造更加高效敏捷的合作方式，即金融科技生态体系。科技生态体系内相互之间是独立的个体，能够实现风险隔离、财务独立，符合商业银行数字化转型对灵活高效且轻资产的要求。毕马威发布的《2018 年金融科技调查报告》反映了商业银行与金融科技公司合作有巨大的空间。从各类合作目的可以看出：一是反欺诈、加密、风险控制等成果应用领域中的合作最多；二是获得金融科技和能力的转移、获得外部大数据以开发相关应用也是两者合作较频繁的方面；三是与金融科技公司共同开发人工智能、区块链、生物识别等技术和应用也是重要合作领域（见图 1.19）。

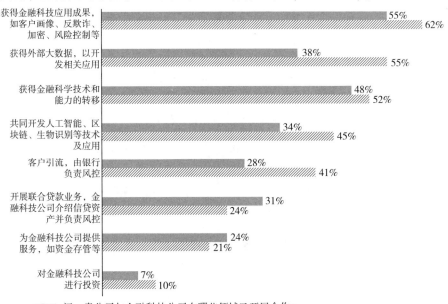

图 1.19　商业银行与金融科技公司合作情况

与银行合作的各类科技公司主要有以下几类。

（1）数据机构，以人民银行征信、鹏元征信、前海征信、银联智策为代表，此类机构和传统的银行、公安部门、工商部门、航空公司、社保部门等合作，归集并对外提供公民基本身份证信息、银行卡信息、航空出行信息、企业工商信息等数据。此类公司以提供数据见长，但风控产品偏弱。

（2）互联网公司，以蚂蚁金服、腾讯征信、百度金融、京东数科为代表，它们依靠背后的电商、社交、搜索的巨量数据，形成自己的风控产品和数据输出能力，可以为商业银行等机构提供风控产品。

（3）数据风控公司，以建信科技、工银科技、百融金服等为代表的技术公司，整合多方数据源，结合大股东风险管理能力，形成风险控制的思路和风险管理的产品。此类公司向中小银行机构提供风控模型、风险管理产品和数据，能有效提升中小银行的风险管理能力。

（4）应用软件类科技公司，此类公司数量较多，开始提供的产品多以标准化产品为主，并有一定能力提供个性化调整。近年来，这类公司呈现越来越专业化的倾向，如聚焦于信贷系统、核心系统、基础软件平台、智能厅堂系统、UI 设计等（见图 1.20）。

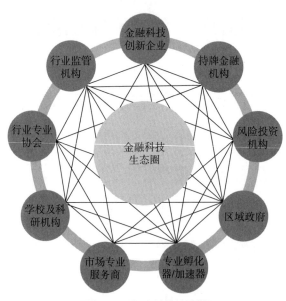

图 1.20　金融科技生态圈

（5）基础设施提供方，主要是科技公司，如华为、思科、新华三、阿里、Openstack、青云等；还有一些是金融企业设立的公司，如平安科技、招银云创、兴业数金、光大科技、民生科技、建信金科等，在基础设施等云端领域建设起步较早，成熟后开始对外提供科技研发的基础服务。

（6）研究机构，一般由政府、高校等主导建设，如大数据研究院、金融科技研究院，实行产学研结合，对外提供研究成果输出。

（二）如何构建科技生态体系

1. 建立科技生态的基础技术平台

（1）打造开放式的科技平台。开放式平台要求商业银行自身的系统是开放的，便于与外部程序对接，同时通过统一的API接口（API是计算机语境下应用程序编程接口，即 Application Programming Interface），降低对接的技术成本。以银行为代表的金融机构多年前就开始将数字化作为公司的一大战略转型方向，近年来推动和落地力度持续加大，花旗、BBVA、巴克莱、Capital One 等国际领先银行以及国内的建设银行、招商银行、浦发银行等都通过 API 构建开放银行，通过开放平台广泛连接金融科技公司，实现融合创新。

案例：浦发银行 API Bank 无界开放银行

2018 年 7 月，浦发银行推出业内首个 API Bank 无界开放银行，基于 API 技术，打造金融科技创新平台。通过 API 架构，银行突破传统物理网点、手机 App 的局限，开放产品和服务，嵌入各个合作伙伴的平台上。推出 API Bank 之后，2018 年 9 月 20 日，浦发银行在北京发起成立"科技合作共同体"生态平台。之后，建设银行、招商银行等也纷纷跟进。

这突破了原来银行与科技公司之间传统的甲方与乙方合作模式，目标上，不再锁定某一项目的短期交付目标，而是共同体内合作伙伴深度对接业务场景和技术研发；环境上，不再是银行与单一科技公司点对点合作，而是将银行、科技公司、研究机构、上下游供应商和消费者聚合起来；方式上，通过合作共同体的课题、论坛、大赛等组建团队，以客户需求为导向，加速创意项目落地，迭代研发。此外，还可在投资孵化方面合作。

这种新型模式，对于科技公司来说，在"科技合作共同体"中将获得浦发银行业务、技术和投资等多方面支持。业务层面，可提供金融业务场景及扩展应用场景；技术层面，可提供金融云服务和数据验证支持，引入海外金融科技公司对接合作，并将国内科技拓展到海外市场的支持；财务层面，可提供银行融资支持，如财务管理、风险投资、创业辅导等。

（2）打造云平台。"云"是大型服务器集群，包括计算服务器、存储服务器和带宽资源等，云计算让基础设施变得灵活，对外提供 IaaS（基础设施）、PaaS（平台）、SaaS（软件）不同级别的服务。云计算、云存储是科技生态连接的重要纽带，未来的数据管理、运营管理、科技系统的输出，更多是基于云平台开展，商业银行以云为合作纽带，与合作伙伴的合作关系不再单纯围绕具体产品，而是聚焦于客户体验和需求。云平台可以是公有云、私有云和混合云。科技生态体系主要采用混合云的方式。

案例：中信银行与腾讯构建金融混合云

2017 年 11 月 27 日，中信银行与腾讯公司签订了金融科技深化业务合作协议，双方将整合各自的优势资源，重点在互联网业务上云、金融大数据平台搭建、欺诈风险分析及解决、安全保障体系构建等金融云相关领域合作。基于腾讯多年的云服务经验，腾讯金融云可以为中信银行提供符合监管要求的金融专区、特殊设备物理托管和五大专线接入点，轻松构建金融混合云。在金融大数据方面，依托腾讯十余载的积累，腾讯金融云可以为中信银行搭建一键式独享大数据分析平台，提供精准的个性化用户分析报告和反欺诈风控、数据分析等数据应用。在对银行至关重要的安全方面，腾讯金融云依托腾讯安全平台精心打造的防火墙体系，以十多年的安全技术积累和问题处理经验为支撑，帮助银行有效抵御各种安全攻击。腾讯金融云还提供漏洞修复、溯源取证、防御建议、数据泄露检测等一系列专业安全服务，打造专享攻击防护能力和协同防御方案，保障金融业务安全。

2. 科技生态合作方式

商业银行与科技公司生态体系内的合作方式、合作层次多种多样，既有全面合作，也有在具体领域的合作，如数据共享、风控、客户引流、科技人才培养等。这里主要介绍以下几种模式。

（1）数据合作。商业银行掌握大量强金融属性的数据，但缺乏社交数据、商业活动数据，数据合作具有重要意义，合作方式可以是单向的数据采购，如数据公司收集整理数据，并提供给商业银行，也可以是双方互通数据。对于中小银行来讲，在数字化转型起步阶段，数字收集分析能力有限，数据采购是获得数据分析成果的重要方式，在数据处理能力提升后，应更多在生态圈内通过互换方式获得数据。

（2）合作开发。目前，很多金融科技公司在进行基于银行某一功能的系统开发和输出；商业银行可以选择几家实力较强、顺应互联网金融科技发展趋势的公司，作为合作开发伙伴，依据商业银行自身的开发需求，合理设计系统架构和系统功能，以驻场开发的方式，由双方派出人员组成开发团队进行开发，商业银行和开发商共享知识产权。商业银行参与业务需求及开发，对系统的理解更加深刻，也具备后期迭代开发的能力。

（3）联合研发。前沿金融科技更适于采用联合研发的模式。前沿金融科技研究有一定的门槛，主要体现在研发周期长、对人才的要求高等方面。一般来讲，前沿金融科技的研究以高校和科研院所为主。在国家支持校企联合、研究机构和企业联合的大环境下，商业银行可以同高校、研究机构联合研发，由科研机构和商业银行共同组建成立研究所、实验室，双方互派研究人员，由双方确定研发题目或科研机构提供研究课题，划拨研发经费。知识产权双方共享，如果产品能够市场化，可按照双方确立的比例分享市场化的收益。

（4）投资并购股权方式。目前而言，监管对商业银行投资购买科技企业仍是禁区，但对于具备条件的商业银行，可以通过集团公司、子公司、关联公司，与生态圈内其他企业共同设立科技公司，或者收购、并购其他科技企业，间接获取其拥有的创新产品、高科技人才及经营资质，也可以对科技企业进行经费或融资等方面的支持，约定享有优先的技术或模式的使用权和收益权。如浦发银行子公司通过成立金融科技企业股权直投基金，对合作科技公司进行投资孵化支持。

（5）组成联盟。不少中小银行自身资本实力不足，人才队伍、盈利水平、资源禀赋等与转型需求存在较大距离，组建联盟、抱团发展也是一种可行的方式。2017年12月，山东省城市商业银行合作联盟有限公司发布"CBU5.0-智慧银行系统"，提出了助力中小银行智慧化转型的综合金融解决方案。同时，另外一家中小银行合作组织——"中小银行互联网金融（深圳）联盟"成立，打造一个联合创新的合作大平台，帮助中小银行转型发展。

（6）全面战略合作方式。这种方式糅合商业生态、科技生态等合作关系，通过签署合作协议，在客户引流、数据交换、科技攻关等广泛范围内开展合作。大型商业银行，如四大国有商业银行牵手百度、阿里巴巴、美团、京东等互联网巨头，就是采取的这一合作模式，中小银行也可以借鉴。

案例：国有大型商业银行牵手互联网巨头

工商银行+京东：在征信、消费金融、供应链金融等领域合作。2017年6月16日，京东金融与中国工商银行签署金融业务合作框架协议。双方的全面业务合作主要集中于金融科技、零售银行、消费金融、企业信贷、校园生态、资产管理、个人联名账户等方面。从合作内容上看，这基本上涵盖了个人征信、消费金融、供应链金融等全品类的金融服务。

建设银行+蚂蚁金服：在信用卡、支付等领域合作。2017年3月28日，阿里巴巴集团、蚂蚁金服集团与建设银行签署三方战略合作协议，蚂蚁金服将与建设银行在信用卡线上开卡、线上线下渠道业务、电子支付业务以及信用体系互通等方面开展合作，"共同探索商业银行与互联网金融企业合作创新模式"。

农业银行+百度：共建金融大脑。2017年6月20日，中国农业银行与百度签署战略合作协议，并将共建"金融科技联合实验室"。合作包括共建金融大脑以及客户画像、精准营销、客户信用评价、风险监控、智能投顾、智能客服等方向的具体应用，并将围绕金融产品和渠道用户等领域展开全面合作。

中国银行+腾讯：统一金融大数据平台。2017年6月22日，中国银行与腾讯宣布已经成立金融科技联合实验室。双方初步在云计算和大数据平台以及人工智能应用方面取得突破，建立了统一的金融大数据平台，持续输出技术能力支持业务发展。双方还继续深化金融科技领域的合作，逐步搭建总对总的金融科技云平台，充分发挥中国银行的业务资源优势与腾讯集团的先进科技优势，在客户需求洞察、风险管理体系建设、金融效率提升等方面进行深度合作，助力业务发展。

八、启动中后台支持能力的数字化转型

商业银行中后台，主要包括人力资源、风险管理、资源配置、运营中

台和合规管理部门，中后台支持能力对数据驱动效果以及产品服务交付水平发挥着至关重要的作用。

（一）人力资源管理

驱动变革的核心要素是"人"，如果人不能转型，数字化转型是很难实现的，数字化转型方案就是空中楼阁、不可持续。

1. 人员素质要求

数字化转型对人员的基本要求发生重大变化，需要一支更加专业化、多元化的人才队伍。一是数据和互联网意识较强，善于从数据中发现市场信号；二是适应敏捷化需要，人员要一专多能，知识架构呈现 T 型，即在本专业内是专家，对其他各条线的业务也有充分的了解，同时具备技术悟性和业务头脑；三是要有较强的事业心、执行力和沟通能力。

2. 人才补充方式

商业银行要充分估计人才现状和未来人才需求之间的差距，前瞻性地作出布局。数字化银行的技术和数据驱动特征明显，因此信息技术、数据、产品创新、风控和风险定价、客群营销服务、智慧运营等方面的人才相对紧缺。以新网银行为例，目前业务员工在全行员工中的占比不足两成，科技与风险等中台员工数量占比超过 60%。人员补充方式主要有以下几个方面：一是存量结构优化，对现有内部人员的角色和技能重新定位，将既有技术悟性，又具有业务头脑的人员，调整到转型的领导或关键岗位上；二是扩展雇用方式，如果内部现有团队不适合，应从行业外积极招募，如通过校园招聘补充也是重要方式，这种方式可以大规模补充员工，但新员工需要一个熟悉工作的过程；三是联合培养，可以委托外部科技公司培养人才，这样能有效地学习外部科技公司的开发经验。

3. 人才管理方式

人才管理的核心是充分调动积极性。尽管管理层对于转型领导者和数字化银行人才求贤若渴，但传统商业银行普遍来讲在人事管理方面很大程度上存在官本位思想，考核奖励机制不完善，人才积极性调动得不够充分，对于如何识别、评估、招募并留住这些人才是新的课题，需要建立一套更具活力的人才生态系统。一是建立人才分布式管理模式，适应敏捷组织转型情况下人员分散培养、分散工作的情况，对员工实行技能图谱管理，完善绩效认定机制，确保其在各个敏捷岗位上的工作价值得到合理的认定，能力得以有效提升；二是对部分业务实行事业部或准事业部管理，给予人才更多的自由裁量权和资源调配权；三是与外部人才进行合作，通过双方认可的机制共同完成项目；四是建立特殊人才的激励机制，互联网和新兴技术企业最能吸引人才的激励手段是股权激励，金融机构也可以效法，此外，要破除官本位，建立专业序列，打开专业晋升通道；五是要充分赋能员工，在授权和组织资源方面给予更多支持，尊重员工的个人判断和主动性，而不是随意用领导意志代替员工意志；六是要抓好考核管理，不考核就无法建立激励约束机制，无法建立管理闭环，也不能有效促进员工能力提升；七是实行岗位精细化管理，建立岗位职责说明书，适应人员岗位流动和敏捷化组织的需要。

（二）资源配置

数字化转型之后，线上开展业务突破了行政界线，难以有效区分业务到底由哪些单位创造，传统的总分支机构和条线相结合的矩阵式资源配置模式已经难以做到公平合理高效，配置方式需要由二维上升到三维，价值贡献环节发生了重大变化，资源配置模式也要做相应调整。

1. 进行精细化核算

在传统核算模式下，核算能力不强，核算粒度不够细致，导致资源配置方式较为粗放。在数字化转型之后，对客户贡献核算要在账户级、产品级、交易级的基础上，进一步细化到行为级数据，不仅要有机构、部门的数据，还要对生态圈、场景、平台、数据用例以及业务的各个操作环节进行核算。

2. 科学评估价值贡献

由结果考核转变到过程考核，由依结果配置转变到过程配置，把经营环节细分为渠道搭建、获客环节、客户经营、线下营销、运维支持以及中后台操作等，科学评估每个环节的价值贡献。需要强调的是，价值贡献是多重因素共同作用的结果，如营销环节因素、价格因素等，在评估时要首先扣除对外定价因素，再依据引流数、转化率、获客数、流失率等指标，对线上经营活动的价值贡献进行分解。

3. 强化内部市场机制导向

针对内部资源使用要建立有效的市场机制，可以避免资源浪费，促进经营主体优化资源配置，是精细核算经营主体业绩的有效措施。一是市场机制配置，包括内部资金价格（FTP 内部资金转移定价）、资本效益（EVA 经济附加值、RAROC 风险调整资本回报率），总体原则是分配给收益较高的经营主体；二是建立中后台资源有偿使用机制，明确内部计价方式，确定每项科技、数据、人力资源、风险管理、后勤支出等资源的责任主体，既要有明确受惠条线的战略性费用资源配置，也要平衡局部与整体、短期和长期的关系，做好成本分摊；三是对不便细分的公共运营成本，可作为公摊费用，通过分部门核算、部门预算限额等方式进行集约化精细化管理。

4. 加强数据部门的资源倾斜

数字化转型后，银行总部承担数据分析、产品设计等职能，在数据驱动的价值链中贡献提升，科技由后线部门转变为跨越前中后线的部门，对这些职能环节也要作出资源配置的安排。

（三）风险管理

商业银行的核心在于风险控制。数字化转型后，银行要对来自各渠道引流的客户提供高效、普惠的金融服务，而网络引流业务风险情况复杂，对风险管理能力也提出了更高的要求。

1. 大力扩展信用数据来源

数字化风控需要采集大量借款人或借款企业的具有金融属性的各项指标，交叉校验客户信用资质。一是与征信部门进行数据对接，这包括人民银行及其他非官方征信公司提供的数据；二是工商数据、税务数据、房产交易及抵押登记中心等外部数据，用于验证客户资质信息、账面信息、财务信息、信用信息；三是工商、司法、环保、税务等的处罚信息、涉诉信息、黑名单信息、舆情信息等，用于风险预警；四是与电商、数据公司等合作获取的交易信息；五是充分应用银行交易数据、账户数据，银行沉淀了客户大量的交易数据和账户数据，这些数据质量很高，具有较好的应用价值。

2. 建立大数据风险管理体系

商业银行风险的主要来源有两个方面。一是欺诈风险，大量欺诈分子、欺诈集团有目的地研究商业银行的审批策略，寻找漏洞，制定欺诈策略。二是信用风险，部分客户信用品质较差，还款能力、还款意愿不强。为此，商业银行要建立一套基于数据资源的客群风险特征库和分客群、分目标的模型，如反欺诈模型、信用评分模型、风险行为预测模型、贷后催收模型、客户流失预测模型等，实现基于模型决策的智能化风险管理。由于外部获取数据并不一定具有较好的金融属性，商业银行要特别注意"修炼"基于弱金融属性的数据建模能力。在这方面，头部互联网公司有不少经验型做法，值得商业银行借鉴，如蚂蚁金服旗下的芝麻信用，利用梯度提升决策树、随机森林、神经网络、分群调整技术、增量学习技术等在内的机器学习算法，可以为缺少信贷记录的人群作出客观的信用评价。由于数据来源的多元化程度不同，当前阶段对零售客户、个体商户、小微企业的模型判断效果要优于中大型公司客户，因此，零售客户可以依据模型进行决策，公司客户一般用于辅助决策（见图1.21）。

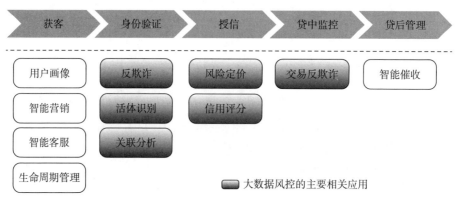

图1.21 大数据风控的相关应用

案例：新网银行自建决策系统

新网银行自建了包括信用评分模型、履约能力指数模型、恶意透支指数模型、消费倾向模型、资金需求指数模型、个人稳定性指数模型、社交活跃度模型、网络使用倾向模型、游戏沉迷指数模型共九大母模型在内的决策系统。这九大母模型下边又各自有300多个子模型，每个子模型又有数千个风险计量、风险判断因子，实时评估风险，为风险画像，且决策分析过程只要40秒就可以完成。如今新网银行已全面实现批量化处理和自动化审批，99.6%的信贷业务全流程实现机器审批，只有0.4%的大额信贷和可疑交易需要人工干预。

（四）合规管理

商业银行业务链条长，风险点多，是合规风险聚集的行业，传统合规管理方式是建立内控合规的三道防线，通过后台检查促进前线整改，这一模式下合规管理效果往往和各分支机构的重视程度和管理水平关系较大，不同机构管理参差不齐，标准不一，总体效果差、成本高，尤其是业务线上化后，风险点将大大增加，必须建立一套线上的高度整合、标准统一、运行高效的合规风险管理体系。

1. 组织体系

在合规管理组织体系设置上，逐步实现合规风险管理关口前移，变事后的监督检查为主为事前的识别控制为主。合规管理人员要事先参与业务产品设计开发，及时发现识别并控制相应的合规风险。同时，要将银行合规风险管理的人力等资源更多地配置在整个银行业务运行事前、事中环节，加强事前的合规风险识别监测和控制，实现合规风险管理内嵌。

2. 管理方式

在合规管理方式上，积极运用大数据技术，变现场检查监督为主为非现场监测预警为主。在总结现有会计、信贷、审计、反洗钱、非法集资等相关业务风险预警和监督数据模型的基础上，建立合规风险非现场监测系统和相应的管理机制，实现实时、动态监测风险指标，节约监测成本和工作时间，提高监测效率。商业银行也可以争取金融监管部门的支持，将监管部门掌握的问题库转化为合规策略模型。

3. 管理手段

在合规管理手段上，积极运用数据化管理思维，推动各项合规管理工作的线上化、规范化、标准化运行。将风险识别与评估、损失数据收集、关键风险指标监测等各类合规管理工具的管理成果，以及内外部检查、案防排查、内控评价、内外部审计等作为问题的发现渠道，精准定位问题，形成完整统一的问题清单和整改纠正机制。

（五）运营管理

传统商业银行的运营管理模式下，网点是主要业务办理场所，运营条线是一支庞大的队伍，前台业务受理、事中业务审核、事后业务监督均设置有较多的岗位，大量的人力被简单重复的业务操作占用，人力资源得不到充分的释放和利用。会计柜员隔着高柜玻璃为客户办理业务，受物理环境及岗位职责限制，给客户提供的服务非常有限。同时，单纯依靠事中授权、事后监督，存在重复劳动、时效滞后的问题，并不能最大限度地发挥运营操作风险监控职能。而数据量的持续增加和数据计算能力的持续加强为数字化运营带来了技术可行性和经济可行性，运营管理由"资源消耗型"向"资源节约型"转变。波士顿咨询公司全球合伙人、金融业务核心成员陈本强表示，运营转型将成为银行的下一个"红利"源泉，运营转型可以带来 20%~40% 的人员节省。数字化转型要对运营作出重大调整，将人力资源从可替代的机械性重复劳动中解放出来。

1. 实现集约化运营

搭建集中化的大运营体系，将由原来的运营管理、系统建设、会计核算、柜面支持和操作风险防控五大职责，转变为以面向全行的业务后台集中运营和线上线下相结合的运营操作风险防控两项重点职能为主的职责。

2. 推动网点转型

将业务操作的前后台分离和风险把控从前台剥离，网点仅承担纯粹、简单的业务受理；通过培训和转型，将释放出来的大量高柜人员充实营销队伍。网点厅堂不再是服务的主渠道，将成为体验、展示和获客的场所。

3. 实现智能化运营

在标准化、集约化运营的前提下，运营向数字化、智能化转变，通过对运营各个环节的数据分析，不断优化运营体系，运营平台的工作重点将由运营风险控制为主，向任务管理、风险控制、数据分析与反馈、成本管控方向转变。

第五节　转型需要特别关注的问题

数字经济给了商业银行真正以客户为中心从而更好地服务客户的机会，数字化转型就是在推动实现这个跨越，创造这个基本条件。总结回顾各家银行数字化转型的历程，虽然做法存在很大差异，但都在向更高效、更普惠的方向努力，都是在全力抢抓数字经济的红利，这不仅是金融领域的一场变革，也必将是我国经济新的增长动力。最后，还有以下两个问题需要格外关注。

一、持续增强战略管理能力

成功=战略×执行，任何转型都不是那么容易实现的，数字化转型是一次自我的革命，更是一场战略管理能力的考验。

（一）提高战略认知能力

中小银行要跳出原有发展模式，不要被先前的成功蒙蔽眼睛，在发展最顺风顺水的时候要看形势的变化，认真聆听市场的声音，着手启动下一阶段的战略转型。对于如何转型，也要有清晰的顶层设计，处理好当前发展和数字化转型的关系。

（二）增强战略聚焦能力

战略转型要分阶段聚焦，为转型创造轻装上阵的条件。战略转型的突破点，往往是在优势领域，策略上要长板突破，勤补短板，一步一个脚印地推进，持续收获并升华自身的成功经验，一哄而上带来的往往是进退失据和积重难返。

（三）提升转型推动能力

执行是转型最重要的环节。首先，领导层要有坚定的信念。总分支对转型迫切性的感受认知与配合程度不同，体制机制调整、新旧理念碰撞、条块利益冲突都会产生较大矛盾，因此战略转型要上升到"一把手"工程，以十足的信心和勇气推动，加强战略宣贯，统一全行意志。其次，要突破成功的束缚，摘掉原有团队的经验光环，包容并积极吸纳不同的思路和看法，改变原有的人事生态，补充新鲜血液。最后，要在转型实施的过程中及时修正偏差。

二、加强金融科技风险管理

随着数字化转型的推进，数据安全风险、数据分析模型风险、网络安全风险等随之而来，商业银行要把金融科技风险置于优先地位进行管理。

（一）加强数据风险管理

数字化转型对风险管理而言，既是机遇，也会带来新的问题。数字化转型后，整个决策基本依据是数据，若对数据应用管理不善，数据本身可能演化成难以量化的巨大风险。一方面，要控制数据质量风险，数据质量要建立在良好数据治理基础上，确保质量可靠，通过合作、外购获得的数据来源，要避免违反个人信息保护政策，对数据质量也要有验证机制，数据责任要能够追溯。另一方面，要控制数据模型风险，数据模型要建立在数据质量可靠、数据逻辑合理、模型类型正确、参数经过有效验证的基础上，数据模型要在实际中与时俱进，不断修正。

（二）加强科技系统风险管理

一是确保网络基础设施的安全，加强异地多中心、异地多活的基本安全架构的安全管理，定期开展压力测试和连续性演练。二是重视云端架构的选择，云平台是安全保障的基石，包括公有云、私有云和混合云。对商业银行来说，安全级别要求高的业务，一般不部署在公有云上；一般性不涉密、效率要求不高的，可以部署在公有云上。根据云计算 IaaS、PaaS、SaaS 的差异，差别化定制云端风险管理措施。三是加强网络接口安全管理，对各类硬件接口要通过防火墙，对协议、IP、端口进行对应的安全控制，各类通过 API 连接的程序要规范化，有可靠的安全控制措施，避免对整体网络安全造成损害。

（三）不断升华现代商业精神

数字化转型是商业银行发展道路上必须迈过的门槛，但不是最终目的，真正的目的是以客户为中心、为客户创造价值，这也是现代商业精神所在。这种精神不仅是数字化转型的指导理念，也应该在数字化浪潮中得到洗礼和升华。

1. 价值、信任、品牌

转型的关键在于强化价值输出能力，让数字为整个产业链赋予新的价值。商业银行推出各种各样的数字化银行服务模式，都是在特殊时期、特殊场景下的外在表现，最终是否能让客户铭记，取决于能否给客户以价值、能否持续取得客户的信任、能否树立起社会的广泛认同。

2. 专注、精益、创新

传统商业银行的服务渠道主要在线下，力争客户到网点能够一站式获得各种产品和服务，在产品服务品种上广撒网，聚焦不足，对多元化需求的关注也不足。未来商业银行业务的主场在线上，客户选择成本低，多元化需求能够得到快速响应。专注、精益和创新，是商业银行对待市场的态度，也是能力的表现，更是打造数字驱动力的精髓所在。

3. 开放、合作、共赢

互联网将一个个节点链接起来，创造了一个开放、共享、共赢的平台。但与此同时，信息的获取是去中心的，创业、决策、资源也是去中心的，任何一家中小银行单独建立一套数字化银行的运行体系，不仅在成本上不现实，而且在效果上也很差。中小银行要与其他市场主体相互合作，共同服务客户，共享金融科技资源，积极构建金融科技生态，利用互联网为自己赋能。

"明者因时而变，智者随事而制。"金融科技的发展是无止境的，数字化转型是商业银行拥抱金融科技的第一步，也是唯一出路。未来银行将是无界银行，银行功能将分散到社会经济生活的各个场景；未来银行将是无感银行，利用各种人工智能，金融服务体验将大大改善；未来银行将是无人银行，智能化程度大大提升，强大的后台支持能够满足客户各种金融服务，很大程度上替代人工。商业银行要站在后数字化转型时代的视角思考转型问题，并提前作出布局。本书讨论的实现路径更多的是一种概念性的介绍，中小银行在推进转型中，要与自身实际紧密结合起来，审时度势，顺势而变。

第二章
数字化转型背景下商业银行的架构重塑

当前，数字技术的广泛应用使我国商业银行的经营环境发生了重要变化，一方面为行业的发展带来了巨大的发展空间，另一方面也在加剧行业内甚至跨行业的竞争。积极适应形势发展，利用数字化方式为客户服务，打造数据驱动的增长模式，进行数字化转型，已经成为商业银行的共识，这也是商业银行内部前中后台"向客户看齐"的过程，因此需要有计划地对整个经营管理架构作出调整。

第一节　架构重塑的现实逻辑

"架构"一词来源于建筑学，并被广泛应用于 IT 领域。美国电气和电子工程师协会（Institute of Electrical and Electronics Engineers，IEEE）的 IEEE 标准（1471-2000）对"架构"的定义是对系统的内部组件、组件之间的关系，与外部环境之间的关系，指导系统设计和发展的原则等方面的基本组织。架构作为一种顶层设计概念，要明确系统运作中需要配置哪些组件、要素，确定各功能要素之间相互协作的规则和流程，明确其活动条件，规定其活动范围，使得各项要素合理配置，形成相对稳定的运作体系。适宜、科学的架构体系能够最大限度地释放组织效能，更好地发挥协同效应。随着产业不断向高效率换代升级，人们对标准化、专业化、工程化、可靠性、扩展性要求越来越高，架构思维越来越焕发活力，并广泛运用到经济管理领域。在数字化转型背景下，商业银行要适应经营环境和经营逻辑发生的显著变化，建立数字驱动的经营管理体系，架构重塑已经显得越来越紧迫。

一、银行市场结构由卖方市场转变为买方市场

我国商业银行脱胎于政府机构，传统的经营逻辑设计的背景是金融为卖方市场，金融服务资源是稀缺的，是为少数富裕人群和优质企业服务的，经营的主要工作是扩大机构网点吸收存款，并对信贷资源进行分配。这种经营逻辑符合金融供给短缺条件下的要求，然而随着经济的发展，银行服务出现以下变化：一是客户需求呈现多元化趋势，产品不再是简单的存贷汇，渠道不再主要依靠网点，线上场景、客户体验、生态赋能、咨询顾问等新的需求成为客户选择的关键。二是银行服务供给持续市场化，银行业务的市场竞争主体日益多元化，既有银行业内的竞争，也有跨业的竞

争，特别是互联网金融公司的进入，更是发挥了"鲇鱼效应"，催生了各种线上金融服务，传统银行市场受到了严重的挤压。三是金融服务呈现结构性变化，卖方市场与买方市场并存，一方面，垒大户、大水漫灌导致过度授信、银行资金空转套利、强周期性等问题，另一方面，实体经济嗷嗷待哺，广大普惠金融领域供给不足，"贷款难"与"难贷款"问题并存，供需不平衡。可以说，银行业正处于多元竞争的市场环境，不能有效适应供需形势，银行注定会被边缘化。要解决这一问题，就要打破信息不对称问题，积极利用大数据方式，精准认知客户，有效满足不同客群的金融需求。

二、价值导向由更多以自身盈利为中心转变为真正"以客户为中心"

客户需求是一切商业逻辑的起点，然而，当前绝大多数商业银行的行为逻辑还是以自己为中心的，银行服务客户的动机是完成考核指标，获客模式主要依靠客户经理的社会关系，提供的是几乎无差别的产品，对客户是否真正愿意接受、产品是否适合客户往往并不关心。这是一种狩猎式的客户经营模式，绝大部分客户必须服从银行的产品和制度管理要求，对客户缺乏尊重感，黏性也不足，"以客户为中心""客户至上"只体现在少数客户身上。这种情况也有一定的客观原因，那就是单个客户的服务成本较高，市场应变的效率也很慢，而随着金融科技的应用，单个客户服务的边际成本大大降低，这些问题都有望得到极大缓解，更敏捷、更个性化、体验更好的产品服务成为现实，大众客群成为商业银行的价值客群，"以客户为中心"可以真正扩展到广大客户身上。要服务大众客群，就需要有相应的方法，不能再是基于经验逐个分析客户，而是要基于大数据技术，建立客户分析模型，形成对客户的深刻认知，并在此基础上以较低的成本提供合适的产品与服务，形成商业可持续的经营模式。

三、增长动力由粗放式的预算投入推动转变为数据赋能

过去，商业银行创新效率低，机制对接慢，系统支持弱，未去关注真实的客户需求，或者关注了也可能看不准，看准了也一时解决不了，谁干谁无功，所以干脆也都不关注，"以客户为中心"的文化难以形成。与此同时，各级机构都有一套传统的业绩推动模式，在打法上追求短期考核效果，总、分、支各级机构心照不宣、一拍即合地采取预算投入来推动增长的打法，预算定目标、考核做工具、费用为支撑，对外打价格战，对内博

弈政策，手法短平快。这种模式是粗放的扩张，而不是科学的发展，真正的客户需求没有人去关注，深层次问题长期被搁置，服务能力难以提高，客户黏性极差。所谓数据赋能，就是利用金融科技、大数据等方式，快速而精准地定位客户需求，并帮助客户经理关注客户需求，从而更好、更快地进行产品创新、服务渠道扩展、流程优化调整、用户体验改进，最终形成以数据为引领并发挥决定作用的动力模式。

四、经营策略由信贷扩张增长模式转变为客户经营增长模式

一直以来，我国商业银行的增长策略是增资本、提杠杆、放贷款。这一经营策略用杜邦公式可表示为

ROE＝权益倍数×净息差×贷资比×（1+中间业务占比）×（1−成本收入比）×（1−新增拨备占比）

这一经营策略的核心是贷款投放，也即信贷扩张，其中的权益倍数、净息差、中间业务很大程度上依赖于此。随着形势的变化，"放杠杆"受到资本约束和 MPA 考核政策的限制，通过表外放杠杆也受到监管的限制，"垒大户"受到集中度的约束，同时"大户"也不再是信贷资产安全的代名词，回归本源、回归客户是商业银行的共识。以客户为中心的经营策略，用杜邦公式可表示为

ROE＝用户量×有效户转化率×客户贡献度×（1−成本收入比）×（1−风险损失率）/资本

这就要求银行的营销端要把获客、客户转化率、客户贡献度作为经营的主题，银行的管理端要把成本管控、风险管理作为管理的主题。

五、组织模式由单打独斗转变为共赢共生

过去，商业银行单打独斗，于客户缺深耕，于同业缺合作，于异业无关注。当前，金融科技已实现万物互联，银行生存的基础发生了变化，银行服务由以网点为主体转向以场景为主体，由独立提供服务向与第三方合作提供嵌入式服务转变，单靠银行自身力量，难以建立起专业且体验好的服务场景。除此之外，银行赖以生存的资源体系也正在发生变化，在科技、数据、人才等很多领域已经向生态合作方式转变，参与各方共建共享资源，既提升效率，又降低成本。因此，商业银行需要打破原有的边界，共

赢共生，在开放性的生态环境内解决生存和发展问题。

六、决策模式由上层经验型决策转变为前线数据型决策

传统商业银行的体制本质上类似于官僚体制，沟通和决策链条过长：沟通模式是由下到上逐级报告，信息衰减、扭曲、滞后问题突出，决策建立在经验之上，人为干扰因素较强，脱离市场实际，决策的执行方式是由上至下逐级下达目标，执行效果往往因受到部门协调配合、实际情况差异的影响而大打折扣，久而久之，企业文化也受到官僚主义、形式主义浸染，"大企业病"问题凸显。在客户需求瞬息万变、个性化需求层出不穷的背景下，原有的决策模式必须调整，"要让听得见炮声的人做决定"，压缩决策环节，提升决策效率，通过数据赋能的方式，让业务前线成为市场的发现者、决策的设计者，并在资源、授权、科技等资源方面给予充分的支持。

从领先银行的实践来看，以客户为中心的经营模式需要数字化转型。然而，数字化转型不是数字的独角戏，如果仅仅聚焦在 IT 和数字能力上，就如在"马车"的架构上布置"机械"动力一样，必然困难重重，导致目标愿景与实践结果之间产生广泛的冲突和巨大的落差。商业银行应从整个公司战略、公司治理出发，对包括体制、机制、策略、资源、流程等各个方面进行全方位的架构重塑，实施全面的转型。

第二节　商业银行数字化经营架构设计的内涵和主要任务

商业银行适应经营环境的变化，需要对架构进行重塑，就是要按照数字化经营理念，围绕如何更好地服务客户，满足客户多样化的需求，按照高效、协作、创新的原则对经营要素重新布局，实现组织敏捷化、风控智能化、获客生态化、运营智能化、营销精准化、系统平台化、人才跨界化，在重塑中增强能力，形成特色，培育优势。基于对领先商业银行数字化转型的实践研究，笔者提出了商业银行数字化经营的"1+6"架构体系。

一、总体架构

商业银行所有经营活动是围绕客户开展的，数字化转型银行架构重塑

的目标是建立起数据服务能力，有效利用各类内外部数据，使银行的技术接入数字化社会，使银行的数据关联到全社会的生态数据集，使银行的服务融入客户的数字化生活。总架构的建设方向应坚持以客户为中心的价值理念，以快速响应并满足客户金融需求为宗旨，建立起以数据为驱动、以数字化公司治理为基础、以开放银行为条件、前中后台高效协同的经营管理体系。总架构包含基础管理层、敏捷响应基础、数据中台、风控中台、业务前台和开放银行布局。数字化商业银行总架构如图 2.1 所示。

图 2.1　数字化商业银行总架构

（一）基础治理

在执行体系方面，强化协同机制，打破内部资源、系统、数据、业务相互独立、各自为政的壁垒。强化执行力，通过组织架构重塑解决传统经营体制下决策执行链条过长的问题，建立简单、清晰、合理的权利关系；强化经营管理闭环，促进企业持续超越自我，精益管理。在战略推动方面，要厘清数字化转型的目标愿景，使总分支机构都有清晰的认识，减少推行中的阻力，绩效导向、资源配置要有效配合。在企业文化方面，更加强调以客户为中心的文化，产品、体验、流程都要体现以客户为中心的原则。树立数字化经营理念下的敏捷文化、数字文化、开放合作文化。

（二）敏捷响应基础

敏捷响应能力的核心一是技术，二是组织，这也是数字化转型最核心的任务。传统的银行IT架构是服务于交易记录能力，基本没有客户交互能力和分析洞察能力。数字化时代的IT架构，要以线上化为基础，着力打造高响应能力的IT支持能力，要建立分布式架构，将原有高耦合封闭技术系统进行解耦，形成平台化、分布式的技术架构，为此要建立基础设施，如云平台体系，还要引入敏捷研发的技术体系。在组织方面，要建立敏捷组织，将原来条块分割的人员、授权、产品研发、IT支持、数字能力等资源打散，重新组建跨职能部门的实体团队，强化市场响应能力；同时，要打造一专多能的T型人才队伍，建立敏捷沟通机制、市场沟通机制以及更适合创新创业的激励约束机制。

（三）数据中台

要发挥数据驱动作用，强有力的数据中台是必要条件。数据治理是前提，要建立起管理制度，将多元化、多渠道、多种类的数据规范化，对数据分析、数据应用、数据安全等进行有效管理。数据模型是核心，要打造专业的数据分析师队伍，选择合理的数据模型方法论，并在此基础上推出数据用例、数据产品，同时可以基于数据产品与外部合作机构进行生态化合作。

（四）风控中台

风控中台是业务的保障体系，具体分为两个层次，一是信用风险、市场风险、运营风险、内控风险、合规风险，各类风险管理要嵌入业务流程环节，与业务融合起来，并通过大数据风控的方式强化全流程的管理；二是审计、问责体系，这是风险管理闭环的重要条件，对员工行为能形成有效的制约，同时也要重视延伸审计问责管理体系，扩展审计问责的内涵。

（五）业务前台

一是产品层面，打造产品研发平台，建立产品运营管理体系，并适应线上经营特性，将传统基础性产品线上化，针对不同客群和客户关系周期，形成钩子类产品、平台类产品和专属类产品的体系。二是渠道层面，打造便捷的触客渠道体系，对传统线下渠道进行智能化改造，强化用户现场体验，并在线上建设场景化、生态化服务体系，实现线上线下数字化经营体系的有效对接。三是客群服务层面，在渠道服务体系的基础上，充实线上服务团队，提供"金融+非金融""线上+线下"的服务，增强场景体验和引流能力。树立用户思维，提升用户服务和客群经营能力，提升客户黏性和客户贡献。业务前台要畅通与客户的沟通机制，持续做好客户体验、渠道和产品的迭代，完善闭环式管理机制。

（六）开放银行

开放银行是数字化时代商业银行的发展趋势，是生态化经营的必要条件，也是未来银行竞争的高地。开放银行要具备相应的技术基础，如开放式技术架构、云服务等，使银行便捷地与外部合作方进行系统和数据对接，同时要建立起合作的管理机制，协调商业银行与合作方的关系。

二、技术架构

技术架构是搭建客户服务场景、建立数字应用能力的先决条件。技术架构建设以 IT 高效响应和打造开放银行为目标，破除传统竖井式的系统架构，建立起分布式、平台化、服务化、标准化的强后台、大中台、敏前台的技术架构体系，具体包括基础设施层、平台服务层、产品服务层和渠道接入层。

数字化商业银行的技术架构如图 2.2 所示。

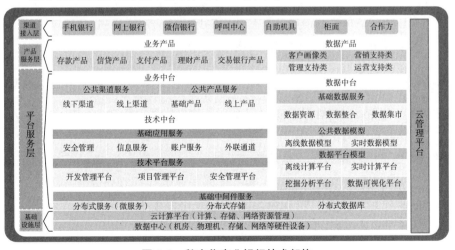

图 2.2　数字化商业银行技术架构

（一）奠定强后台

IT 后台主要是指银行 IT 的基础设施，是提供存储、运算、交互、安全的物理基础和技术方案，能为前中台 IT 运营及对外 IT 合作提供稳定可靠的平台，主要包括云计算平台、数据中心等设施。云平台可以提供开发、测试、生产、运维等一体化的 IT 基础设施服务，能够提高 IT 基础资源环境的标准化、规范化、自动化程度，具有高灵活性、可扩展性和高性价比等优势。云平台按功能包括存储云、计算云和存储计算于一体的综合云，按服务类型包括软件服务、平台服务和基础设施服务。数据中心发挥连接互联网设施、服务终端、对接银行各业务系统、监管机构系统、合作方系统的功能，要建立运维管理平台，保持业务的连续性、安全性，实现充分的灾备管理。

（二）打造大中台

大中台是以客户为中心时代、个性化金融时代带来的一个变革，中台建设是金融机构敏捷化的重要支撑，更是生态化的重要手段。中台把后台的速度和前台的速度匹配起来，有效融合了前端的敏捷性和后端的稳定性。中台包含技术中台、数据中台和业务中台，这一模块的主要任务是整合产品、技术组件等 IT 资源，为敏前台提供坚实的保障。

1. 技术中台着力打造统一开发平台

通过建立统一应用框架与公共机制，严格开发规范、数据标准，使开发人员更专注于业务实现，达到快速开发与交付的目的。同时，建设高扩展、高性能、高可用的微服务平台，实现弹性应对互联网高并发交易场景。

2. 数据中台是全领域数据的共享能力中心

旨在提供数据采集、数据模型、数据计算、数据治理、数据资产、数据服务等全链路的一站式产品、技术、方法论的服务，构建面向数据应用的数据智能平台，在数据治理的基础上，对源数据进行获取、整合、分析、加工，形成数据洞见。

3. 业务中台是银行的指挥部

拥有各种业务资源及支持工具，可以快速响应前端快速创新。要建设高响应业务系统，将模块耦合性高、参数化程度低的集中式单体系统应用，如传统商业银行的核心业务系统、信贷系统等，解耦成为分布式的微服务应用，实现分库分表数据水平扩展。

4. 实现敏前台

前台关系产品服务的创新效率、服务效率和客户体验，对敏捷性要求较高。银行要在 IT 中台基础上，打造敏捷的前台响应能力，建立一套可扩展、低耦合、模块化的开源的基础框架。一是能快速响应客户，提供优体验、高智能的渠道接入层，以移动端建设为重点，实现场景对接、千人千面、智能服务。二是快速响应客户经理，为客户经理提供即时的数据响应、智能化的策略建议。三是快速响应产品创新，提供灵活接入、高效开发的技术支持。敏前台需要实现业务简单化、产品标准化、基础服务模块化、应用小程序化。

5. 建立"双速 IT"研发模式

"双速 IT"包括敏捷交付和传统的瀑布交付，是指面对客户服务层面的研发要以快速敏捷的方式进行技术迭代，引入迭代式增量软件开发管理方法（Scrum）、成熟度模型及度量体系，推动敏捷开发实践，而核心系统、基础平台的迭代要保持相对稳定，采用传统的瀑布交付模式，实施精益管理，持续改进提升基础平台的支撑能力。为此，商业银行要建设开发、测试、运维一体化管理平台（DevOps），打通从项目管理、敏捷需求管理、知识库管理、持续集成、持续部署、配置管理、测试管理及研发度量的产品全生命周期管理。

6. 打造开放银行 IT 体系

开放银行是"互联网+"的商业模式，通过开放银行，银行与第三方平台能够相互赋能，将金融服务和非金融服务相互内嵌，并将合作方的服务能力输出给客户。开放银行使银行可以获取更多客户数据，并开发出具有更大价值的衍生产品。为此，商业银行需要打造开放的技术平台，提升跨体系的响应能力，开辟系统接口，制定接口规范，落实信息交互标准。

此外，银行要积极研发应用成熟的金融科技成果，为银行提供强大的技术优势。同时，打造 IT 安全体系，加大安全技术创新投入，建立安全管理体系、安全技术体系、安全运营体系，促进信息安全体系由传统被动防御向纵深主动防御转变。

三、数据架构

大数据分析能力是数字化驱动的最核心内涵，数据架构是银行数字化经营架构的核心组成部分。商业银行要在时效性和成本最小的原则下，打造工程化的数据采集、整理、分析、应用的数据应用和管理能力，提供数据分析、数据洞见的强劲动力。如图 2.3 所示，数据架构包括数据应用、数据中台和数据生态三个层次。

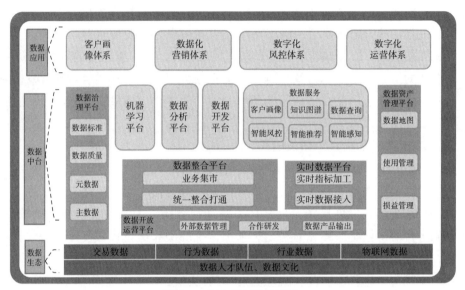

图 2.3　商业银行数据架构

（一）打造数据生态

数据洞见需要交易数据、行为数据、行业数据、物联网数据等作为基本条件，要解决数据来源问题，首先要对整个经营体系，包括客户信息、交易信息、营销活动、管理活动等，进行端到端的线上化、数字化改造，解决数据来源问题，对于生态化经营模式，也需要解决数据互联互通和标准一致问题。树立数据文化，对全行人员进行培养、引导，使得各级人员都有懂数据的能力和用数据的意识。要着力打造一支数据人才队伍，大力培养数据建模、数据产品经理、大数据应用、数据治理等方面人才。

（二）建设数据中台

首先是加强数据治理，建立数据治理平台，明确数据标准、提升数据质量，补充、规范基础数据。条件成熟的银行，应建立数据治理委员会，在各数据形成部门，要明确数据管理的责任人。其次是建立数据开放运营平台，在确保数据信息安全的前提下，实现对外部数据的规范、交换和共享。在此基础上，建立数据整合平台、实时数据平台，将多元化、多渠道、多种类的数据进行汇集、加工，满足数据模型分析、数据即时响应的需要。数据模型是数据驱动的核心单元，要大力提升数据建模能力，建立机器学习、数据分析、数据开发的平台。打造数据中台服务能力，完善客户画像、知识图谱、智能感知、智能风控等服务功能，及时响应前端业务需求。最后，数据中台要建设数据资产管理平台，建立数据地图，辅助各使用部门快速掌握数据逻辑，调用数据资源，提升数据投入产出效益。

（三）优化数据前台应用体验

建立起覆盖全行不同层级的业务经营可视化体系，打造全面的业务数据化能力，包括驾驶舱、经营管理大屏、移动端数据可视化服务等。根据全行业务发展需要，依托高效的数据采集、交换、加工和可视化服务，积极深化管理驾驶舱、业务可视化看板、监控大屏等可视化应用，实现全行各条线不同级别关键业务指标智能化、实时化展示，为行领导、业务管理单位和各级营销人员提供准确、及时、详细的数据分析与决策支持。

（四）实现数据管理闭环

商业银行要面向客户营销、风险管理、客户信息查询等场景，建立从数据洞见、策略执行到策略反馈的闭环管理体系，实现从用例管理、线索登记、智能分发、全渠道触达、执行过程记录、效果评价与反馈的闭环式管理，持续增强数据洞见的精准性。在对用例进行规范化的管理和包装基础上，可以形成数据洞见产品，实现商业输出或生态化运营。

四、业务架构

业务架构重塑的核心任务是建立端到端的数字化经营体系，实现内生性增长。商业银行数字化业务架构如图 2.4 所示。

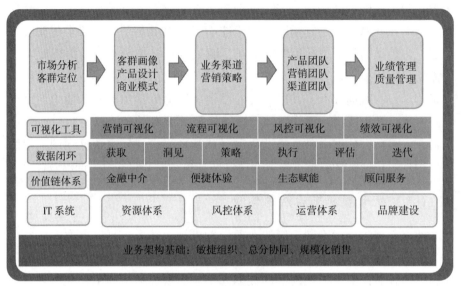

图2.4　商业银行数字化业务架构

（一）夯实业务架构基础

商业银行要改造组织架构，实现组织的敏捷化，建立跨职能部门的实体团队，以加强与市场的沟通，增强快速响应能力。适应线上规模化销售和渠道、产品、体验敏捷迭代的要求，大力推进业务的标准化，对业务流程进行精简、整合。通过绩效引导和资源配置方式转变，逐步实现总分支功能转型，总行着重在策略制定，分支机构着重在策略落地。

（二）树立五大业务支柱

商业银行要适应线上化、数字化经营，建立IT系统、资源体系、风控体系、运营体系、品牌建设五大业务架构支柱。打造高响应、高稳定性的IT系统，为业务发展提供渠道、信息、决策的支持。优化财务、授权、人员、配额等资源配置体系，提升资源支持的质量与效率，减少资源"等待期"与"空档期"，为业务经营提供良好的条件。完善合规、授信、审计、问责等大风控体系，强化全员风险意识。积极运用大数据的方式方法，抓住客户动账等关键节点，建立从起点切入、全流程式的内控管理的闭环，实现内控管理的内嵌，为业务经营提供保障。把打造线上化的运营体系置于十分重要的地位，将传统以会计为核心的运营架构转变为以业务为核心的运营架构，强化运营与业务、运营与风控有机结合的大运营架构，实现运营的专业化、集约化。建立线上线下联动的品牌管理机制，重点围绕产品和线上渠道做好品牌规划，增强客户的参与感，形成业务宣传、品牌宣传与场景引流、裂变营销有机结合的品牌宣传模式。

（三）打造价值链体系

银行的价值体现在能为客户带来哪些价值，商业银行的竞争归根到底还是价值链体系的竞争，在数字化时代，随着网络化、去中心化的深入发展，商业银行的价值链体系也将发生重大变化，传统的价值链将会被替代，知识赋能、生态赋能将成为新的价值核心。银行数字化转型不是搞形式，而是要将科技、数字的红利，通过金融中介、客户体验、生态赋能、顾问服务等价值创造活动体现出来，使得价格更优、客群更广、赋能更强，进而提升客户黏性。价值链体系是银行综合管理能力的体现，比如能否提供更优惠的利率定价，考验资产负债管理及司库资金运作能力；能否提升各类客群对授信的获得性，考验银行风险识别管理能力；能否提供综合性服务方案，考验银行方案设计和体系支持能力。面对上述问题，商业银行必须练好价值创造的内功。

（四）构建数字闭环和可视化工具体系

以产品和客户的线上化为基础，有效布置数据埋点，拓展数据生态化渠道，建立线上数据获取、洞见、策略、执行、评估、迭代的数字闭环，实现数字闭环与业务闭环的统一。建立营销可视化工具，完善客户关系管理平台（CRM），使客户经理及时掌握客户的资金动向、社交图谱、风险状况、经营状况。实现流程、风控、绩效的可视化，增强前中后台的互动，提前预警并化解业务风险，指导和促进客户经理达成业务成交。

（五）实现业务的闭环式管理

业务架构的核心任务就是获客并实现业务价值。第一，要在大数据基础上进行市场分析和客户调研，明确业务方向。第二，要进行客群画像，设计产品和商业模式，并确定哪些机构、人员参与，配置什么样的资源，如何进行客户引流和宣传。第三，要建设业务渠道，通过内嵌场景、专有 App、专线直连、合作伙伴等方式打造便捷的"线上+线下""金融+非金融"的服务场景和生态圈以及全新的服务体验，同时要制定相应的推动策略，包括联动策略、资源配置、激励措施、风控措施等。第四，为实现以上目标，要配置相应的产品团队、营销团队、渠道团队，明确各自的职责等，并建立沟通协作机制。第五，要进行业绩管理，落实考核政策，并对业务办理的质量进行后期跟踪评价。业务闭环要持续迭代，建立有效的与市场、客户对话的机制，及时吸纳基层、客户的意见和建议。

五、风险管理架构

数字化为商业银行提升风险管理能力提供了良好的机会。商业银行要适应数字化趋势和普惠金融的需要，打造独立运行、主动引领、智能决策的全面风险管理体系。商业银行数字化风控架构如图2.5所示。

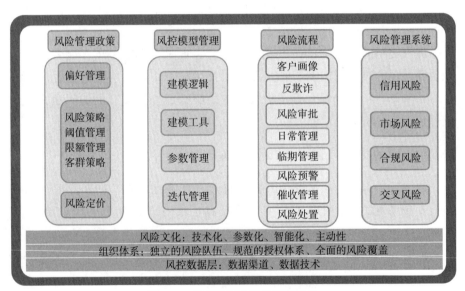

图2.5 商业银行数字化风控架构

（一）奠定风控架构基础

商业银行风控架构基础包括文化、组织体系和数据基础。从组织体系看，要建立独立的风险管理队伍，规范授权管理体系，实现风险管理的全面覆盖。在风险管理文化方面，商业银行传统的信用风险管理方式是经验决策，依附审批人的专业精神和专业能力，在实际工作中，这些都容易受到人为的干扰，审批效率和能力也难以满足对大量长尾客群的风险管理。

因此，需要将传统经验型、被动应对的风控模式向"专业判断+数据智能"的技术化、参数化、智能化的主动风控模式转变。

（二）建立数字化风险管理政策架构

风险管理政策的核心是偏好管理，要完善风险偏好指标构成，研究丰富偏好指标层次，建立广泛参与的风险偏好形成机制，覆盖集团境内外机构和综合经营平台。强化风险偏好传导，通过技术化、参数化的方式，逐步建成指标构成丰富合理、形成机制科学全面、传导路径清晰有力、监测调整准确及时的风险偏好管理机制。风险策略、风险定价则是风险偏好的体现，不同的风险偏好，对应的风险策略，如客群取向、阈值、限额、授权流程也会有所不同。在风险定价方面，要探索出各类客群的风险定价方法论，确保银行实现一定程度的风险收益，此外还要不断通过压力测试手段，监测风险管理政策的适宜性，并持续优化。

（三）建立风控模型管理体系

依托大数据可实现客户风险画像、反欺诈、风险预警等数字化风险管理，而数据模型是大数据风控的核心。针对不同的业务、客群和环节，要选定合适的数学算法，如客群分析使用分类、聚类算法、回归方法，个人客户可以使用回归算法、贝叶斯算法、决策树、神经网络算法等，贷后预警可以使用 Web 搜索引擎算法等。在算法的基础上形成数据模型，这需要建模工具参与，例如 SAS、MATLAB 等。值得注意的是，模型是用过去数据的规律预测未来，理论上可与现实无限接近，但受制于数据质量、数据多元性、数据量及客户类型的影响，模型效果存在差异，因此，银行要进行模型风险管理，借助数学算法，如机器学习、深度学习等持续进行模型迭代，建立风控模型管理制度，规范模型开发、验证、投产、参数调整等管理机制，将模型偏差控制在一定范围内。

（四）完善数字风控流程

以银行主要的风险信贷风险为例，在信贷发放之前，着重通过数据的方式进行客户画像、反欺诈，确定授信审批额度，明确定价水平，主动引领业务发展。在信贷投放之后，要开展日常管理、临期管理，进行数字化风险预警，若出现风险事件，就进入催收管理、风险处置、问责环节等。

整个风控流程要建设成闭环、全流程的管理过程。

(五) 打造风险管理专业化平台

针对商业银行八大风险,构建全行级风险平台,通过线上化的方式打通风险管理的全流程,通过数字化的方式,实现风险管理的智能化。针对各类风险,要建设全流程、全方位、立体化的智能风险管理系统平台,将风险管控要求嵌入流程环节,整合重塑风险管理流程,不断加大机控、智控程度,努力打造简洁高效、管控严密、主动前瞻、信息共享、支持决策、适应监管的具有较高智能化的风险管控 IT 系统。

六、组织架构

通常来讲,组织架构是企业的流程运转、部门设置及职能规划等最基本的结构依据,不同的发展阶段、发展战略,都有不同的组织架构相匹配。传统商业银行组织架构脱胎于传统金字塔式的行政架构体系,组织架构过于臃肿、部门过多,造成流程割裂、功能固化、资源割据、效率低下,不能根据市场及时调整。高效响应的组织架构是数字化经营的保证,组织重构的目标就是要打造开放型、敏捷型、创新型的组织,打破部门壁垒,开放组织边界,重设总分部定位。数字化商业银行组织架构如图 2.6 所示。

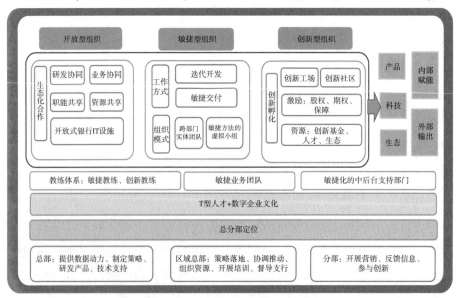

图 2.6 数字化商业银行组织架构

（一）奠定敏捷化的组织基础

组织架构重塑的核心在于打造敏捷化的组织体系。首先要培养一专多能的 T 型人才，敏捷的前提是人员知识的多元化，使得敏捷组织内部沟通无知识结构层面的障碍，同时要培养数字经营的企业文化，在经营理念、工作思路上能保持一致。其次要打造教练体系，培养一批具有数据、业务、技术知识及综合素质高、创新能力强的人员成为敏捷教练和创新教练，辅助各工作单元更高效聚焦任务，提升工作效率。一方面，培养敏捷化的业务团队，提升前端营销能力；另一方面，实现中后台管理部门的敏捷化，更多采用敏捷工作方法，提升对前台敏捷团队的支持能力。

（二）打造开放型组织

银行开放型组织既指银行对外部开放，也指银行内部各部门之间的开放，将以建设开放式 IT 银行设施作为合作的平台，彼此在研发和业务上进行协调，在职能和资源上实现共享，也就是开放边界，彼此加持，互动成长，共创价值，找到共同的核心价值，进行生态化合作，使组织获得更高的效率。

（三）打造敏捷型组织

敏捷型组织是一个能够以高成效的运营模式，快速灵活地适应环境、抓住机遇、创造价值，并凝聚员工能力的组织。要适应快速迭代要求，加强横向协作能力，打破部门边界，建立跨职能部门的实体小组，围绕客户需求、产品等进行快速响应。建立敏捷型组织要对管理架构进行创新，转变传统的官僚组织架构，建立扁平化的组织结构。组织的敏捷化重塑如图 2.7 所示。

（四）打造创新型组织

建立有利于创新创业的环境，营造自由创新的氛围，打破组织边界，促进交流共享，并为员工创意提供实验条件和尝试机会。要为具有创业意识的人员，搭建能够充分发挥他们潜能的载体，如创新工场、创新社区等。完善创新激励机制，可以在股权、期权方面进行尝试，对员工创新思路、做法给予物质或非物质的奖励。建立内部创业家的"软着陆"机

制，允许试错，宽容失败，使创业、创新失败不会影响他们的职业生
涯，更不会使其失去工作。

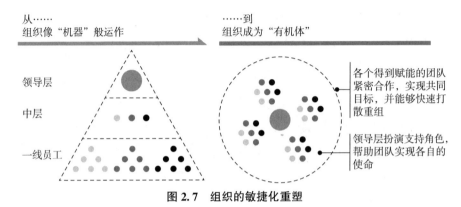

图 2.7　组织的敏捷化重塑

（五）改变总分支架构体系

在数字化银行架构下，总行要向提供数据动力、制定策略、研发产品、
技术支持等方向转变，分支行要向策略落地执行转变，做好策略的本地化
制定，组织人力资源和激励资源保证策略落地，监督客户服务效果，并向
上级及时反馈市场信息。此外，随着数字化生态体系的完善和经营能力的
增强，商业银行会成立一些独立经营的子公司，原有传统的总分行之间的
授权架构、资源配置模式等也将发生变化，由总分支结构向"总部—分部"
"总部—区域总部—分部""总公司—子公司"的结构模式转变，商业银行
要减少政策传导环节，实现扁平化管理，增强各组织的内部协调配合，提
升分支机构的自由裁量权。

七、资源配置架构

"兵马未动粮草先行"，资源配置发挥着导向作用，也是数字化转型的
关键，资源不敏捷则组织不敏捷，转型势必困难重重。为适应转型，商业
银行要建立起以细颗粒度管理为基础、价值导向型、战略目标与当期绩效
相结合的资源配置架构。商业银行资源配置架构如图 2.8 所示。

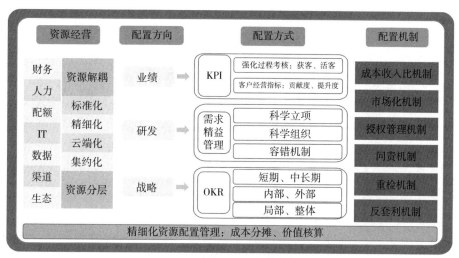

图 2.8　商业银行资源配置架构

（一）强化资源经营理念

银行资源包括财务、人力、风险、IT、数据、渠道、生态等。传统的银行资源管理依托行政体系，由总分行相应部门管理并支配，这种资源管理方式存在以下问题：一是部门平时聚焦于业务指标，缺乏资源敏捷化理念，资源经营的意识不强，规范化不足。二是资源依托职能部门，资源的流通和使用受到人为意志的影响，与价值导向的配置原则难以保持一致。三是资源配置的颗粒度不够细致，配置较为粗放，常常存在配置不足、重复配置问题。以上问题导致资源配置效率不高，势必影响业务端的敏捷性，也难以据此建立有效的资源闭环管理机制。此外，银行进行数字化转型后，生态化经营模式将促使银行更加重视经营资源，资源的范畴也进一步扩展，既有自有资源，也有合作资源，如果不对资源进行经营，那么这些资源将难以形成协同配合。

（二）建立松耦合、高敏捷的资源经营体系

资源配置的架构重塑要建立资源能够自由流动的机制，根据情况及时高效调度，而不是资源归属权的搬家，不能再创造出一个个资源管理的"竖井"。一是将资源从现有行政体制模式和封闭的架构中解耦，使资源的经营责任和使用不再依附于单一部门。解耦能促进资源效用的最大化，更

适应市场化配置原则，提升资源的动态组合与协同能力，更有利于转变资源拉动的增长模式。举例来讲，财务资源从总分支逐级核算的财务条线管理中解耦，增强产品创设、场景打造、营销服务等关键性战略活动的资源支持；IT 资源从封闭的系统中解耦，使得功能组件可重复、共享使用；数据资源要相互打通，拆除烟囱式的数据格局。二是对资源实施标准化管理。对产品、场景、渠道、人力、IT、数据模型等资源，都要建立资源标准管理体系，增强资源的复用性和适配性。三是要实施资源分层，为资源经营提供评价参照，为精细化管理、集约化使用、云端化响应创造条件，各单位可根据任务情况，合理支用各层级资源。

（三）转变资源配置方式

资源配置由按结果配置方式转为按价值创造配置方式，前提条件是进行精细化核算，核算颗粒度要尽量细化到价值创造的各个业务单元、业务环节和时间节点，综合考虑实现难度因素，核定其价值贡献。资源配置的方向主要包括三个方面：一是促进业绩增长，配置方式是以 KPI（Key Performance Indicator，关键业绩指标）为依据，强化过程考核，突出获客能力、客户贡献度及客户经营的提升度。二是支持创新研发，要科学立项、科学组织，实现项目闭环管理，保证研发投入产出的合理性，同时建立容错机制，保护研发积极性。三是突出战略导向，资源配置要兼顾短期和中长期、局部和整体、内部和外部的关系，确保战略层面的资源需要，战略推动可以按 OKR（Objectives and Key Results，目标与关键成果）的方式进行管理，并作为资源配置的参照。

（四）完善资源配置的配套管理机制

这主要包括六个方面：一是成本收入比机制，成本投入要满足战略发展目标，同时要强化节约意识，建立节约机制，把"好钢用在刀刃上"，要以数字化转型为契机提升投入产出能力，降低成本收入比。二是市场化机制，资源要按照市场化规则，围绕客户和市场，根据考核导向和经营业绩市场化配置资源。市场化规则要综合考虑营销的难易程度，实行差异化资源配置，充分考虑资源投入产出期的差异性，兼顾战略平衡。三是完善授权管理机制，要向下放权，增强业务单元调用资源的灵活性。四是强化问责机制，对资源配置投入需要建立有效的止损机制和长期投入产出评价机制，对产出严重偏离预期的，要检讨原因，提出优化对策，对属于责任问题的，要追究人员的责任。五是建立重检机制，建立资源预测监测分析制度，对全行进行全方位监测分析，及时对资源配置政策进行复盘，不断迭代优化资源配置方式。六是反套利机制，对管理套利行为加强约束，减少管理漏洞，引导各单位真实性、内生性增长。

第三节　在架构重塑中实现战略跃变

商业银行数字化转型是一场迭代提升的过程，架构重塑也是深化改革、优势再造的过程，商业银行要在架构重塑中深化转型，打造竞争优势。

一、实现五大战略突破

（一）组织结构积极适应大规模应用推广

组织除了提升创新、敏捷能力外，还要满足大规模应用推广的要求，改变原有高成本、低效率、点对点的扫街式、依靠客户经理社会关系的业务拓展方式，实现规模化增长。一是组织要与战略匹配，人员数量、结构及组织架构要形成对战略的有效支撑。二是打造总分支经营体系，通过绩效和资源配置改变分支行团队运作模式，总行抓策略制定，突出策略设计能力；分支行抓策略执行，突出执行力。三是产品创设要适应规模化销售，要对产品进行标准化设计，并采用规模化的策略推广。四是运营要实现集中化，体验要实现一致性，营销要体现精准性，风控内控合规要进行嵌入式管理。五是要用好业绩倍增和裂变工具，实现"倍增"要依靠线上化、B2B2C方式批量获客，实现"裂变"要依靠良好的产品、场景，依靠优越的体验和良好的口碑。

（二）使数字经营能力成为企业成长的主要驱动力

数字化商业银行具有"三轨式"业绩发展体系：一是纯线上闭环的销售体系，适用于理财、存款等标准化短流程业务；二是"线上+线下"的销售体系，依托数据产生策略并实现线上获客，线下进行部分环节的对接，如零售信贷业务，需要线下面签环节；三是纯线下的销售体系，获客及服务主要在线下办理，适用于一些长流程较复杂的业务。商业银行要让数据成为业务发展的主要推动力，强化数据引领、线上销售、线下配合的驱动模式，采取绩效考核等措施，逐步退出传统业务发展模式，提升纯线上业务比重，降低纯线下业务比重。

（三）实现运营效率到商业模式的变化

通过数字化转型，商业银行能有效提升数字化应用能力和运营效率，这自然会带来商业模式的变化，银行要主动推动这一进程。一是获客模式向线上精准营销转变，积极开辟多元化渠道场景，进行客户行为分析，通过精准营销，有效降低获客成本，减少人员占用，再通过钩子产品去黏住客户，通过客户的反馈去提升客户。二是增长模式向内生增长模式转变，在经营策略上不再依靠信贷规模扩张，而是要真正洞见客户需求，有针对性地提供客户服务，通过对接客户的有效需求实现增长。三是价值模式向智慧服务转变，银行客户的许多痛点并非资金需求，而是客户自身治理出现的问题，数据洞见能带来银行服务内涵的变化。银行可以通过数据及时诊断客户财务状况，并发挥银行金融人才优势，为客户提供咨询服务，提升客户财务治理能力。

（四）提升资源配置的战略导向能力

传统银行财务资源配置按层级逐级配置，或层级配置与条线配置结合，配置方式往往依据成本收入比、收入费用率等单一指标，资源配置政策的传导形式简单化，导向性不强，纵横配置渠道也往往产生协调矛盾，倒逼资源短期化使用，导致战略性投入较低。商业银行要在数字化转型中实现资源配置能力的提升。一是要有很强的战略制定和战略执行能力，确保战略的方向是清晰的，避免资源配置与战略方向脱节、重复、无序。二是要提升全面预算管理能力，预算不单单指存贷款指标、财务资源，而是所有资源都要参与预算，实现全面资源预算。三是建立新经营模式下的配置方式，突出获客、活客指标，有效调动线上线下积极性，也可以积极探索以 B2B2C 生态链、场景等经营主体进行资源配置，强化资源配置的导向性和协同性。四是提升资源配置的战略平衡能力，既要确保当前发展，又要为未来蓄势。

（五）培养大批专业化人才队伍

人才是核心战略资源。数字化经营需要大批复合型人才，尤其需要精通科技、业务、数据的人才。然而，普遍的现实是人才匮乏形成对银行转型的重要约束，银行必须以自我培养为主，做好数字化人才梯队的建设。一是注重在实践中培养人才。实践是最好的培养，优秀员工不是"供起来"的，而是"练出来"的，银行要有序地进行跨部门、跨条线、跨层级、多维度的培养使用，加强市场历练，树立用户思维，培养市场灵感，增强商业嗅觉，提升岗位技能。二是形成人才能流动、易流动的机制。组织的变化使敏捷方法成为日常工作方法，只有人员能快速流动，才能有效支撑敏捷组织运作。三是充分激发员工的创造性。创意能为银行带来几何级的增长，商业银行要建立鼓励创新的机制，给创新更多资源支持和更包容的问责机制。四是建立适应数字化的人力资源管理体系，开辟多渠道人员晋升体系，在管理序列之外建立起专业序列，使优秀人员能更容易脱颖而出，同时可积极使用投资型、合作型、期权型的员工关系，增强员工的事业心。

二、打造竞争的"护城河"体系

数字化转型的目的是更好地适应形势变化，打造竞争优势。商业银行要在架构重塑过程中，有意识打造竞争的"护城河"体系。

（一）以客户为中心的企业文化

企业文化是企业在经营管理实践中逐步形成的，为全体员工所认同并遵守的使命、愿景、宗旨、精神、价值观和经营理念。文化是组织的基因，表现为银行的精气神，背后是一系列运作机制作为底层基础。商业银行数字化转型更需要企业文化的转变，要突出以下几个方面：一是真正以客户为中心，只有坚持以客户为中心，才能围绕客户痛点敏捷响应，才能提升客户忠诚度，口碑效应及品牌价值才能体现。二是顺应时代趋势，转变服务方式，聚焦广大的群众服务，走大市场、大需求、大产品的道路，深耕客群，长期经营。三是相信科技的力量，通过科技构建线上化、数字化、智能化管理体系，改善客户体验，提升服务效率，减少人力经营的不确定性。四是通过机制的手段，打破文化藩篱，摒弃免责文化、本位主义、平均主义等传统银行的文化弊病，实现内部有效沟通和高效协同，做到一切向客户看齐。

（二）以敏捷为原则的组织体系

商业机会稍纵即逝，既有市场的竞争，也有行业的颠覆，然而普遍现实是认识到市场变化并想作出改变的企业很多，能实现结果的却很少，其中重要原因是组织支持能力不足，导致企业在成本和效率方面难以适应市场变化，因此，组织效能就是一个竞争力的分界线。商业银行既要有智慧的"头脑"，也要有敏捷的"身体"，这就要求在业务端打造敏捷型组织，同时要强化中后台的敏捷支持能力：一是压缩决策链条，实现组织扁平化，增强对市场的响应能力。二是打破内部壁垒，实现资源的敏捷流动。三是优化内部流程，实现各部门之间业务交付的标准化，提升组织内部协同效率。四是建立敏捷的工作方法，实现对产品服务的敏捷交付。

（三）强大的科技及数字应用体系

科技及数字应用体系具有规模效应，能够提升银行的智能化水平、运营效率和成本优势，同时也是渠道网点、客户体验的基础，是竞争优势的重要方面。具体体现在以下方面：一是打造新技术"护城河"，积极探索应用人工智能、云计算、大数据、区块链等金融科技，形成领先优势。二是深化数字应用能力，主要体现在数字获取、数字治理、数据建模、数据用例、商业模式等数据闭环管理上，尤其是数字获取和数据建模能力，是数字"护城河"的关键。三是科技生态体系，以开放、共建、共享为特征的科技生态，实现研发的一体化，降低科技研发成本，大大提升科技研发及科技响应效率，为商业银行构建产业链服务体系奠定良好基础。

（四）专业化的金融科技人才队伍

金融的竞争已经成为金融科技的竞争，而掌握金融科技的关键在于人才。构建人才优势，要从以下三个方面着手：一是围绕增强数据能力、产业能力、科技能力，大力招聘或通过内部培养的方式补充专家与技术精英人才，覆盖金融科技各关键环节。二是建立激励机制，充分调动人才干事创业的积极性，保持对人才的吸引力和市场竞争优势。三是打造优秀的管理团队，管理团队是吸引、培养、使用优秀人才的关键，即使个别优秀人才离开了银行，优秀的管理团队也能够确保人才队伍梯队生生不息。

（五）完善的金融服务生态圈

当前市场竞争逐渐演变成为生态圈的竞争，拥有高效的生态圈，就意味着更低的成本、更高的收益。生态圈是商业银行的战略要地，具有高客户转换成本、竞争对手进入成本。一是积极抢占生态高地，如数据通道、技术平台和场景渠道等，先进入的商业银行可以在战略合作、业务协同等关系上建立排他性的优势，打造难以模仿的商业模式。二是提升金融资源配置能力，将金融资源应用到更需要的领域，对客户资金匹配更个性化、回报率更高的运用渠道，对客户融资行为给予更优惠的价格，为客户建立更便捷的服务通道。三是建立专业化赋能团队，能从客户自身的发展战略、财务、生态等各个方面进行顶层设计，延展银行服务内涵，使金融积极赋能客户自身的事业发展。

我国商业银行已经走过资产扩张的时代，在当前金融回归实体经济的大背景下，数字化为商业银行深耕客群、实现金融供给侧结构性改革创造了条件，为商业银行支持实体经济提供了抓手。在迈向数字化经营时代过程中，商业银行应结合自身实际情况，抓住关键，把握缓急，有步骤、有计划地打造数字化转型的架构基础，在建设开放型、敏捷型、创新型的数字化银行方面不懈努力。

第三章
数字化转型背景下的中小银行资产负债管理

资产负债管理是商业银行经营管理的核心内容。数字经济已经成为当前主要的经济形态，国家"十四五"规划又明确提出了坚定不移建设"数字中国"、加快发展"金融业数字化"等新要求，助推多层次、全方位地发展"数字经济"。在这种背景下，商业银行的经营方式和商业模式也随着数字化转型的推进而逐步演变。商业银行必须系统思考经营管理工作，前瞻、主动地调整资产负债结构，适应数字化转型的要求，助力高质量发展和价值创造目标的实现。

第一节　商业银行资产负债管理面临的挑战

近年来，随着经济转型发展、金融改革持续深化、技术变革日新月异、商业模式和客户需求不断变化，传统的资产负债管理方式面临诸多挑战，已经难以支撑银行持续稳健发展。

一、业务结构的日趋复杂使资产负债管理的平衡性面临越来越大的挑战

数字化转型，使商业银行客户结构多样化、产品创设模式敏捷化、服务渠道多维化等趋势明显，推动经营综合化、业务复杂化程度不断加深，保持多重目标的动态平衡难度日益加大。一是追求规模增长会导致结构失衡，容易出现资产负债期限错配；二是表内业务和表外业务同步发展，统一风险准入标准、统一市场策略和统一市场行动难度变大；三是风险和收益的平衡难度增加，风险资产定价、风险资产结构摆布和久期配置等工作难度都较大；四是KPI考核导致业务条线过分关注局部利益，会忽略银行整体利益和战略目标的实现。

二、金融科技的快速发展使资产负债管理的有效性面临越来越大的挑战

从资产端看，金融科技的发展，使借贷变得更简单、更便捷、更具普惠性，贷款也从传统政府平台、企业、少数个人客户惠及更大范围的客户群体；通过大数据、云计算等技术精准识别客户风险，并根据风险情况匹

配贷款定价，竞争导致的信贷产品买方市场状况，也给银行风险定价能力提出了更高的挑战。从负债端看，金融科技的发展推动了机构、产品的多元化和业务的线上化、智能化发展，客户在不同机构之间的转换成本接近于零，可选择的高收益产品大幅增加，银行存款产品吸引力下降，低成本负债流失现象加剧。从支付端看，线上支付的发展，不仅提高了资金流通的速度和规模，还增加了资金流向的不可预见性，加大了流动性管理的难度。

三、传统的资产负债管理逻辑使"前瞻预测、贴近业务、敏捷管理"的现实诉求面临越来越大的挑战

传统的资产负债管理依托大量的统计分析，效率的滞后难以满足市场瞬息万变的时效性需求，因此银行资产负债管理部门亟待通过运用数字技术，提高精细化工作水平，多维度、及时分析数据，研判外部形势、汇率、利率等变动，指导业务发展与调整，提供最优资产负债结构调整策略建议，达到"前瞻预测、贴近业务、敏捷管理"的预期目标。

第二节　商业银行资产负债管理的发展方向

在数字经济的背景下，传统资产负债管理面临诸多挑战，必须尽快转变发展理念和目标方向，以适应市场需求和环境变化。

一、从推动当期业务发展向服务战略决策转变

战略是商业银行稳健可持续发展的根基，资产负债管理需要向上承接战略规划，向下贯穿实际业务。传统的资产负债管理主要围绕实现当期经营目标和当时经营环境而展开，与基于经济金融形势、国家和区域发展战略、客户需求、监管政策等制定的银行战略规划结合得不够紧密，导致只注重短期收益，而忽视了长期机会或潜在风险，为未来的经营困难或损失埋下伏笔。只有基于战略进行资产负债规划和管理，才能抓住国家、区域一系列重大发展机遇，在经济金融市场波动加剧、不确定性显著上升的形势下保持发展方向不偏离，实现稳健可持续发展。

二、从满足监管合规向促进价值提升转变

对银行资产负债管理而言，满足监管合规要求是最基础的工作。如何从满足监管合规要求向推动经济高质量发展、实现价值创造转变，是银行资产负债管理需要思考的重要方向。一是银行要积极实现客户价值提升。当前中国正处于新旧发展动能更替、产业转型升级的新发展阶段，政府、企业、个人等各层面的资产负债表均在发生重大调整和变化，这就需要银行围绕各类经济主体多元化、多层次的金融服务需求，在资产端和负债端为各类经济主体提供更多的动力支持。二是银行要积极实现自身价值提升。银行是资本的高消耗行业，风险资产增长要求不断补充资本。为实现自身持续发展，银行必须转变发展模式，优化资产负债管理，建立以风险调整后的资本收益率（RAROC）和经济增加值（EVA）为核心目标的绩效评价体系，强化客户的深度经营和价值挖掘。三是资产负债管理要支持银行市场竞争能力的提高。在营销端，通过合理定价及激励机制，引导营销条线重视获客、提升客户转化率和客户贡献度；在管理端，重视成本管控、风险管理，真正实现"效益、质量、规模"协调发展。

三、从粗放式管理向精细化管理转变

一是从静态被动管理向主动策略优化转变。传统的资产负债管理大多是在特定时期、特定情景下对某项指标进行分析计算，属于静态被动管理。精细化的资产负债管理需要借助金融科技，通过大数据、云计算、人工智能等数字技术，提升数据收集、储存和计算分析的时效性和准确性，根据外部经济金融环境的变化，实时给出优化后的资产负债配置建议。二是从单一指标管理向量化组合管理转变。区别于孤立单向的情景分析和风险计量，银行资产负债管理要综合考虑数量、价格、期限等多种因素，通过组合管理工具进行量化模拟，主动寻找持续迭代优化的最优策略组合，给出满足各项管理要求的资产负债配置建议。三是从人工统计分析到数据智能分析。建立分布式资产负债综合管理平台，引入如内部预算管理、流动性管理、定价管理、资本管理相关数据和外部利率趋势、市场金融总量等政策数据、竞争数据，建立资产负债管理模型，通过组合工具对不同情景下的调整方案进行量化模拟，寻找最优策略。

第三节　如何更好推进商业银行资产负债管理

资产负债管理是商业银行经营管理的核心内容，牵一发而动全身。商业银行必须结合当前发展形势，考虑方方面面的因素，统筹推进资产负债管理的优化调整，确保达到理想效果。

一、强化规划引领

（一）资产负债管理要顺应宏观经济发展要求

当前，国家、企业的资产负债表发生了重大变化，整体上已由过去的重资产、高能耗、低效率的重工业，向轻资产、低碳化、数字化的新兴产业转变。银行作为服务实体经济的金融主力军，其自身的资产负债发展必须与宏观经济保持高度一致，要加快优化资产布局，聚焦绿色信贷、先进制造业、小微企业融资等转型升级领域和薄弱环节，优化政府、企业、小微、个人等客户服务结构，形成信贷资产和投资资产、交易资产、同业资产等主动型资产协同增长的多元稳健资产结构布局。

（二）资产负债管理要与转型发展相互促进

中国经济总量和结构都发生了巨大变化，增长驱动力正从投资拉动转向消费拉动和创新驱动。未来，个人信贷、财富资管、科创双碳、健康养老等银行新兴业务将迎来巨大发展空间，部分高资本消耗、低风险回报的传统业务将面临压缩甚至退出的困境，这将促使银行加快推动业务结构和收入结构转型，以更好地分享新一轮经济发展的成果，规避经济转型带来的风险。因此，资产负债管理必须前瞻性地考虑这一变化，实现银行业务结构从以信贷为主向多元化资产结构转变、收入结构从以利息收入为主向利息收入和非息收入协调发展转变。

（三）资产负债管理要与业务能力相协调

受经济增长模式转变等因素影响，政府、企业及个人客户需求发生巨大变化，如政府和企业客户从单纯的融资需求转为"信贷+"综合性金融服务需求、个人客户从储蓄需求转向以资产配置为核心的多元化金融服务需求。这就要求银行资产负债管理必须从规模扩张导向转为客户价值提升导向，从侧重打造以表内融资为主的核心业务能力向统筹表内与表外业务协同发展的综合能力转变，从而打造与客户资产负债表相匹配的银行资产负债表。一是围绕表内外资产有机衔接、协同运作，构建"财富管理—资产管理—投资银行"等多部门紧密协同的循环价值链，打造除融资业务能力以外的财富管理业务、投资型业务、平台撮合型业务等对外多元化，对内协同联动的综合业务能力。二是围绕传统信贷业务服务能力提升，强化前沿金融科技应用，适应新基建、高端制造业、先进服务业等软资产属性行业的融资需要，提高对软件、研发、知识产权等无形资产的评估能力和风险管理能力，以实现企业将技术、信息等软资产作为抵押担保物的服务诉求。

二、坚持资本导向

（一）制定符合战略要求的资本规划

资本是银行经营发展的基础资源和重要变量。在利润增速大幅放缓、外部资本补充较为困难的背景下，资产负债管理要坚持以资本回报为导向，根据国家发展战略以及本行经营定位和战略目标，编制资本管理规划，明确资本充足率目标、资本缺口分析、资本补充计划等，设立最优资本目标，健全资本分配机制，优化资产负债组合，合理设置风险资产增速，保障资本水平与未来发展及风险状况相适应。

（二）实施资本使用效率评价

只有合理配置资本，才能促使资产负债流动性、安全性和盈利性实现最优匹配，最大限度地提高风险资本回报率。因此，需要充分利用数字技术，准确高效地做好资本运行监测、计量和预测，进而及时降低风险资本占用消耗，使资本消耗与业务发展、利润增长相匹配，促进资本、风险和收益保持更高水平的协同发展，全方位满足账面资本、监管资本和经济资本等不同维度的资本管理要求。

（三）推进轻资本运营

在银行资本压力普遍较大的情况下，轻资本运营势在必行。这需要银行在经营发展的过程中，持续强化轻资本的客户经营能力和资源整合能力，丰富投行、交易银行等轻资本业务产品体系，连接企业客户和合作机构，协助企业客户提高直接融资比重，促进企业客户融资需求与行外资金的精准对接，为企业客户提供涵盖股、债、贷的综合金融服务，为资金合作机构提供便捷优质的资产供给渠道，持续提升轻资本业务的价值贡献。

（四）强化资本内源性补充

对银行而言，资本是稀缺资源，必须审慎使用、合理配置和及时补充。外源性资本补充受资本市场发展水平等因素影响，总体补充能力有限，所以商业银行的资本补充尤其是核心一级资本补充，主要依赖内源性资本筹集。资本内生的最主要方式是利润留存，这取决于银行的盈利能力。为了促进银行利润增长和资本补充良性互动，一方面银行要合理配置和运用资本，使有限的资本流向回报率较高的条线、机构、客户、产品，提高盈利水平；另一方面银行要强化经营管理，提高盈利水平，提高资本补充的自主性，解决资本需求持续增长的问题。

（五）引导经营发展

在资本管理规划中，要着力强调其对业务发展的引领作用，大力发展轻资本业务，促进银行多元化能力的提升。例如，通过与外部渠道合作，提升代销能力；通过专业水平的提升，提高自身影响力，实现咨询服务的输出；通过场景服务，介入企业支付、结算和生产经营等环节，提高结算资金留存比率，增加支付结算收入；通过推进不同领域在资源、信息、数据等方面的共享，提高撮合能力，实现从"信用中介"到"服务中介"转变；等等。经营结构转变可以提升中间业务收入，改善银行收入结构。

三、优化资产负债结构

以客户为中心，满足客户需求是银行创新发展的根本动力。随着客户需求的变化，银行需要及时调整优化产品结构、服务模式、业务渠道等，保持与客户资产负债表重构进程的同步。

（一）主动做好客群经营，提升核心客群综合贡献

虽然金融科技的发展赋予银行更好地经营长尾客户的能力，但就目前

而言，银行高价值的机构客户、企业客户、财私客户、同业客户等核心客户虽然数量占比不高，但却贡献了大部分的资产管理规模（AUM）和收益，是银行可持续发展的根基。对银行而言，客户的风险成本和财务营销成本往往此消彼长，越是高价值低风险的优质客户，越是主动营销维护的结果。在同业竞争愈加激烈的背景下，为了做好存量优质客户的经营提升、获取更多的优质客户，需要针对不同细分客群，做好精准化营销和个性化服务，不断发现并满足客户新的需求，如优质企业的供应链金融业务、跨境金融业务等需求，以及财私客户的财富传承、税收规划、法律咨询、投资移民等需求，做到在资产端和负债端共同提升客户的综合贡献度。

（二）强化长尾客户经营，提升边际贡献度

银行拥有庞大的客户群体，其中大量客户属于长尾客户和睡眠客户，他们有大量的金融服务需求，是银行未来新资产、新业务、新收益的重要来源和资产负债表的新增长极。随着信息科技的发展，借助大数据、云计算、人工智能等金融科技手段，银行具备服务长尾客群的能力。银行针对睡眠、低活跃度、低持有产品等长尾客户，可以结合用户的金融行为、社交行为、信用行为等场景数据，选择合适的渠道，采取有针对性的营销策略，更好地挖掘、筛选客户需求，提升长尾客群的边际贡献。

（三）设计更适合客户需求的产品，丰富产品货架

只有贴近市场、了解客户、分析客户偏好，将产品创设的重心从银行自身转到客户需求痛点上，才能真正完善"以客户为中心"的银行服务体系。分析客户需求不能依据简单的市场调查和数据分析，而是要线下线上相结合，一方面花更多的时间与客户面对面交流，充分收集一线客户经理的意见，获取掌握客户需求的第一手资料；另一方面要借助金融科技对不同维度的客户信息进行整合，实现对同一客户的统一标识、统一画像，并将线上线下的分析结果比较验证，确保产品创设的针对性、适用性。

（四）强化统筹管理，重视负债与资产久期匹配度

资产负债管理要将各类资产和负债作为一个整体统筹管理。随着金融脱媒、利率市场化的持续深化和金融市场的波动加剧，银行资产端和负债端流动性和收益缺口变大，流动性风险和利率风险管理的压力趋增。从负

债端看,自 2010 年以来,居民储蓄率下降,银行揽存难度加大,存款理财化、短期化趋势明显;从资产端看,银行中长期的基建、住房按揭贷款占比持续增加,资产久期拉长,资产证券化和贷款转让等出表渠道不畅。银行需要加强资产负债的久期缺口管理和利率敏感性缺口管理,一方面积极应对负债结构和稳定性的变化,以量价平衡为导向,提升负债营销管理能力;另一方面准确把握市场利率变动趋势,根据久期缺口的正负、大小,对利率敏感性资产和负债结构及时进行调整,积极应对利率变动对银行流动性和收益稳定带来的冲击(见图 3.1)。

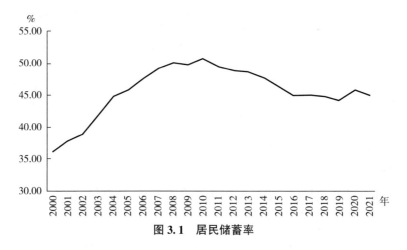

图 3.1　居民储蓄率

四、做好定价管理

银行要结合自身资产负债业务发展特点,以经营目标和风险偏好为导向,加强风险定价能力建设,保持息差稳定,在控制风险的前提下提高收益水平。

(一)客户资产定价与风险、成本相匹配

资产定价能力是保障银行稳健发展的重要因素,它不是风险成本、资金成本、业务成本和合理利润的简单数字加总,而是资产负债综合管理能力的体现。宏观上,银行要充分研判经济周期波动、行业发展和政策变动趋势,主动营销、及早介入政策支持、市场潜力大的新兴业务,主动压缩、有序退出潜在风险高的传统业务,做好新老业务的转换承接和结构调整。对于中小银行而言,由于经营地域的限制,还要防范区域经济分化和行业、

客户授信集中带来的风险。微观上，银行要进一步完善内部资金转移定价（FTP）机制，结合盈利、成本、客户风险以及市场竞争等诸多因素，建立适合自身经营特点和风险偏好的贷款定价模型。通过多维度的数据分析，对客户的经营情况、偿债能力、还款意愿进行精准判断，按照收益覆盖风险和成本的原则，综合考虑风险补偿、费用分摊、利率优惠、提前还款以及违约概率等因素来确定贷款利率，使客户资产定价与风险、成本相匹配。

（二）坚持盯市原则，实施差异化定价策略

对银行而言，"最优定价"是一个系统的、辩证的、动态的概念，除了提升风险定价能力外，银行还要结合自身资源禀赋、不同客群特征以及市场动态变化等因素，采取差异化的定价策略。一是考虑自身资源禀赋。定价不是孤立的，它与银行的产品、服务、效率是一个系统的整体。因此，银行可以根据产品、服务等不同，设置差异化定价。例如，当银行的产品具有创新性，客户服务体验好、效率高时，银行可以适当提高定价，客户也愿意为更好的产品和服务支付溢价。二是考虑不同客户的需求和综合贡献度。客户的痛点不能一概而论，需要辩证对待。有的客户对价格不太敏感，更看重贷款效率，希望尽快放款，而有的客户对价格敏感，对效率的要求不高。此外，不同客群对银行的综合贡献度不同，企业客群可以提供存贷款、现金管理、投行、咨询顾问、代发工资、企业年金等收益贡献；个人客群可以提供存款理财、保险、贵金属、基金等收益贡献，对此应采取差异化的定价策略。三是考虑市场动态变化。当贷款需求旺盛、贷款资源供给偏紧时，可以适当提高贷款利率，反之适当降低贷款利率。银行采取盯市原则，坚持"审慎跟进"的定价策略，有助于提升在同业中的定价竞争力。

（三）关注净息差变动趋势，强化经营指导

随着利率市场化深入推进和市场竞争的日趋激烈，存贷款主导的收入结构使银行面临稳息差、稳利润增长的压力。2021年末，国内商业银行净息差降至2.08%，同比继续小幅下滑。息差管理与银行的资本管理、资产负债结构、定价策略、风险偏好等紧密相关。因此，银行需要通过大力发展轻资本业务，转变经营发展模式，向资本管理要效益；加强客户和业务拓展，提高客户综合价值贡献，向规模增长要效益；优化资产负债结

构，拓展低成本负债和高收益资产来源，向结构调整要效益；提高风险定价能力，持续推进降旧控新，向风险管理要效益。

五、重视规模增长

市场占有率是商业银行竞争力的直观体现。对中小银行而言，在加快结构调整、实现整体高质量发展的同时，仍要重视效益、质量、规模的协调发展，保持规模的稳健增长，特别是在一些金融服务需求无法得到有效满足的区域和新兴业务领域，更要阶段性地将规模增长放在更重要的位置。与过去"垒大户"、低效的规模增长不同，数字化时代的银行规模增长管理具有以下几个特征：一是利用金融科技手段提高服务效率，壮大客户基数。银行经营具有显著的规模经济效应，当银行的规模随着客户数的增长而增长时，边际成本就会不断下降，收入会进一步增加，风险也会分散。二是通过数字化转型提升精细化经营能力。通过搭建平台、嵌入场景、精准营销，满足政府、企业、个人客户多元化的金融产品服务需求，提高单个客户的价值贡献。三是规模增长和资产负债结构调整有机融合。在大力拓展新客户、新业务的同时，主动压缩、有序退出高资本消耗、高风险、不符合国家政策导向的传统客户，实现更高质量、更高效益的规模增长。

六、完善配套机制

（一）强化内部联动

资产负债管理涵盖资本规划、负债管理、资产配置、流动性管理、风险定价、绩效考核，涉及资产负债、财务会计、风险管理、业务条线等前中后台多个部门，需要各部门紧密协作、分工配合，只有这样才能产生合力。

（二）完善银行内部 FTP 管理

FTP 管理是资产负债管理的一项工具，其作用的发挥应和业务部门的业务发展相结合，避免将 FTP 异化为业务部门和资负管理部门博弈的工具。此外，为了更好地发挥这一工具的作用，应从 FTP 曲线、调整项及定价方法等方面完善市场化 FTP 体系，使 FTP 更好地引导资源配置、指导存贷款市场化定价、降低经营机构市场风险。

（三）完善绩效考核和资源配置机制

将经风险调整后的净利润（RAROC）与经济增加值（EVA）作为绩效考核和资源配置的标准，把资产配置与经济增加值（EVA）、内部资本充足率或者经济资本增量等挂钩，引导经营单位大力拓展轻资本、轻资产的新型业务，主动营销对公结算性存款和非价格敏感性核心负债。

（四）完善利率风险、汇率风险和流动性风险管理机制

利率风险管理方面，把握市场利率变动趋势，控制资产负债期限错配的风险敞口，通过 FTP 工具引导业务结构调整，必要情况下通过金融市场的证券化或衍生品交易实现快速调整。汇率风险管理方面，通过风险敞口分析、外汇敏感性分析以及风险价值模型（VaR）分析法对汇率风险进行计量，对外币资产负债进行合理配置，并借助金融衍生工具预防、规避、转移或消除外汇业务中的风险。流动性风险管理方面，加强对流动性缺口率、核心负债比例等监测指标和流动性覆盖率（LCR）及流动性比例等监管指标的监测管理，在满足监管要求和内部流动性需求的同时，做好流动性与盈利性之间的平衡。

第四章
中小银行数字化风控体系演进逻辑与应用实践

第一节　构建中小商业银行数字化风控体系的背景和意义

党的二十大报告指出："高质量发展是全面建设社会主义现代化国家的首要任务。"商业银行是我国经济高质量发展的重要支撑力量，而风险管理能力是商业银行服务经济高质量发展的重要支撑。商业银行风险管理的本质是通过全面、准确、及时获取各类信息，实现对风险的有效识别、衡量、处置和控制，在保障资金安全和流动性的前提下，以最小的成本获取最大的收益。在数字技术的推动下，新兴金融业态不断涌现，客户对金融服务的时效性与个性化需求也越来越高，传统的风控模式已经无法满足成本、效率和精准化的要求，构建适合中小商业银行自身特点的线上化、数字化、智能化风控体系是大势所趋。

第一，构建数字化风控体系是中小商业银行适应业务转型发展的需要。近年来，随着中国经济从投资拉动向消费驱动转型，以及双循环战略、乡村振兴战略等国家战略的提出，商业银行消费金融、普惠小微金融业务的市场蓝海不断拓宽，包括中小商业银行在内的各家银行都在加快新一轮零售业务转型，大力发展普惠小微金融业务。零售业务和普惠小微金融虽然市场空间巨大，但客户的下沉也意味着更大的经营风险，对中小商业银行的风控能力提出了更高要求。同时，数字技术的快速发展使商业银行具备低成本、批量化服务长尾客户的能力。此外，围绕服务小微企业和更广泛的客户群体，在国家顶层设计推动下，涉企政务数据归集共享不断完善，社会信用体系建设显著加快，普惠小微业务面临的数据条件持续改善，业务可能性边界不断拓宽。数字化风控体系的构建，使小微企业融资的"麦克米伦缺口"有可能得到破解，从而从根本上改变银行下沉服务小微企业的营销模式和风控体系，这是打破"成本、效率与规模"不可能三角的重要支撑。

第二，构建数字化风控体系是中小商业银行更好地服务客户的需要。数字化转型是客户驱动下银行业务模式和管理模式的重构，商业银行只有借助新技术更好地发现和了解客户，才能推动金融产品服务与客户需求的精准高效对接。当前，数字经济加速发展，成为继农业经济、工业经济后的新经济形态。一方面，传统产业加快数字化、低碳化转型，具备高度数字化特征的新产业、新业态、新模式不断涌现，催生了多样化的金融产品服务需求，要求商业银行围绕场景融合、数字赋能，优化传统风控流程，打造敏捷、高效的风控模式，更好地满足企业客户的金融需求。另一方面，在数字化日益加深的环境下，个人客户线上化、场景化的行为模式、金融诉求都在发生较大改变，不但需求更加多元复杂，对服务体验的要求也更高，要求商业银行通过打造平台、链接生态，为个人客户提供全生命周期的金融产品服务。

第三，构建数字化风控体系是中小商业银行风险管理精细化的需要。随着银行规模持续扩张，客户数量和客户层级越来越多，需求日益多样化，业务结构日趋复杂，对银行风险管理的效率和精准度提出更高的要求。传统的银行风控多使用信用评分卡模型，借助企业或个人征信报告、企业财务报告和抵押物等信息来评估客户的信用风险情况，是基于对客户有限历史数据的分析，具有明显的静态性、主观性和滞后性，已经难以适应数字经济条件下数字化、场景化、生态化、相互交叉的业务发展的风险防控需求，客观上要求商业银行建设数字化风控体系，通过推进数字技术在银行贷前、贷中、贷后全流程风险管理中的融合应用，促进资金流、物流和信息流"三流合一"，实现风险信息全面、实时、精准传导，使信贷审批和资金发放及贷后管理等流程线上化、自动化、智能化，从而使风险管理效率更高、成本更低、更加精准。

第二节　中小商业银行数字化信用风控体系的目标和内涵

一、中小商业银行数字化信用风控体系的目标

银行是经营风险的特殊企业，在经营风险中服务客户，创造价值，实现经营目标。由于经济环境、市场竞争、行业监管等外部因素的变化，以及银行发展战略、治理结构、风控能力等内部因素的约束，每家中小商业银行构建信用风控体系的出发点和路径差异较大。总的来讲，建立有效的信用风控体系主要受到区域资源禀赋、数字能力、法人治理结构和风险管理能力的约束。

银行构建数字化信用风控体系的目标，就是在有效控制风险的同时支

持业务发展。数字化信用风控的逻辑仍是风险控制的逻辑，它并没有改变银行风险管理的本质，而是借助数字技术提升数据获取、传递、分析、应用的能力，提高风险管理的精准程度和效率。因此，为了在有效控制风险的前提下更好地推动业务发展，中小银行需要突破对传统风险管理的"路径依赖"，围绕客户贷前、贷中、贷后全生命周期，构建"以系统平台建设为基础、数据共享模型复用为手段、算法技术为动力、制度办法为保障、人员队伍为核心、统一管理为抓手"的数字化信用风控体系。

数字化风控的过程，实际上是通过数据管理深入推动风险管理优化的过程，它涵盖从客户精准营销到贷后回款和催收保全的全流程。在此过程中，需要不断提升三个关键环节的核心能力（见图 4.1）。

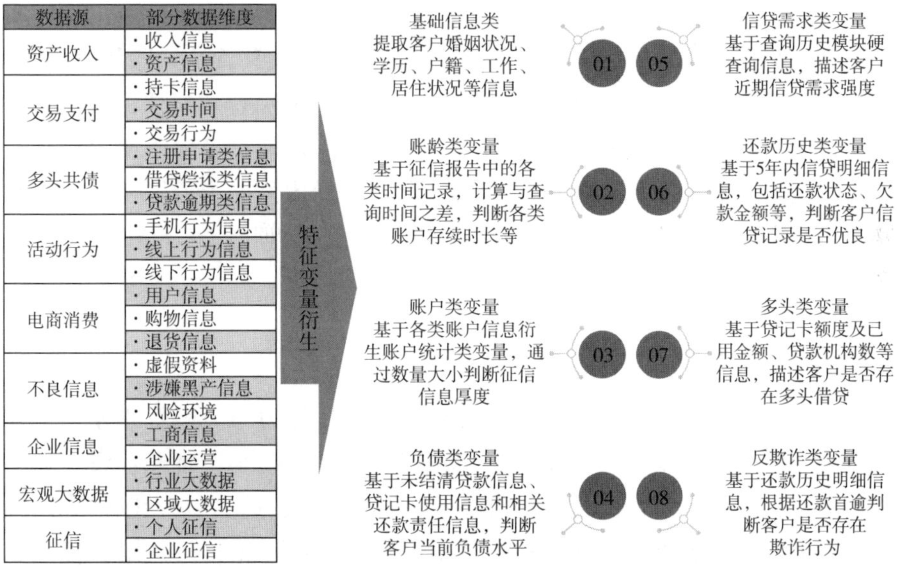

图 4.1　数字化大数据治理

一是业务数据的主动获取能力。首先，推动信用风险管理各环节线上化，优化风险管理流程，不断完善数据治理，形成风控各环节的数字化。其次，不断积累外部相关数据，再通过对外部数据的加工，形成与风控管理相关的可使用数据源。最后，建立统一的数据存储、调用、分析、管理平台，将银行内外部数据统一管理、综合运用，打通数据竖井和数据孤岛，提高数据的共享性、一致性。

二是大数据分析能力。首先，建立 KYC（Know Your Customer，了解你的客户）模型，对客户精准识别，提供不同客户的产品服务方案。其次，建立客户评级模型，将客户评级应用于准入、额度、定价、增信条件等审批策略。最后，建立模型管理平台，完善模型开发、测试、验证、上线、迭代等模型日常管理，通过建模能力的提升完成商业银行风险控制能力的全面升级。

三是依据数据分析进行风险预判、预警。根据预判、预警结果，对客户行为、员工行为进行主动管理，降低风险管理成本，发挥数据的应用价值；同时，通过数据关联和信息实时传递，使风险管控各环节参与主体的功能既相互分离制约又有效统一，提高各环节决策的科学化、智能化水平。

二、构建数字化信用风控体系的基本要求

（一）健全数字化信用风险治理架构

构建分层授权、分级审批、审贷分离和三道防线共管的风险治理体系；建立独立垂直的风险管理队伍，设立权责清晰的风险管理岗位，实现风险管理的全覆盖；规范授权管理体系，将稳健的风控理念贯穿于风险管理全流程，提升全员数字化风控意识和数字化工具运用的能力；转变风险管理模式，由事项驱动的被动风险管理向"专业判断+数据赋能"的技术化、参数化、智能化的主动风险管理模式转变。

（二）完善数字化风险管理政策体系

一是科学设定风险偏好。依据自身风险承受能力与风险管理水平，建立健全风险偏好政策，树立稳健风险偏好和收益风险平衡理念；设定风险偏好指标，借助限额、授权、阈值等风险管理工具，建立技术化、参数化、数字化的风险偏好管理和传导机制，引导业务部门根据目标风险状况主动经营风险，形成统一的风险文化，实现风险偏好对发展战略与经营目标的有效传导。

二是完善信用风险管理制度体系。明晰治理层、经营层、风险职能部门、营销部门在风险管理中的职责边界、责任标准和约束条件，明确授权行为；健全规范清晰的流程操作制度体系，细化数据采集、模型建设、核保验证、风险预警、催收调查等流程的操作要求和结果评价标准；夯实风险运营制度体系，利用风险驾驶舱、信用风险视图、信用管理系统等管理工具，全面监测条线、机构、产品的整体风险情况，并实现风险线上提醒、操作、授权、处置等管理的闭环作业（见图4.2）。

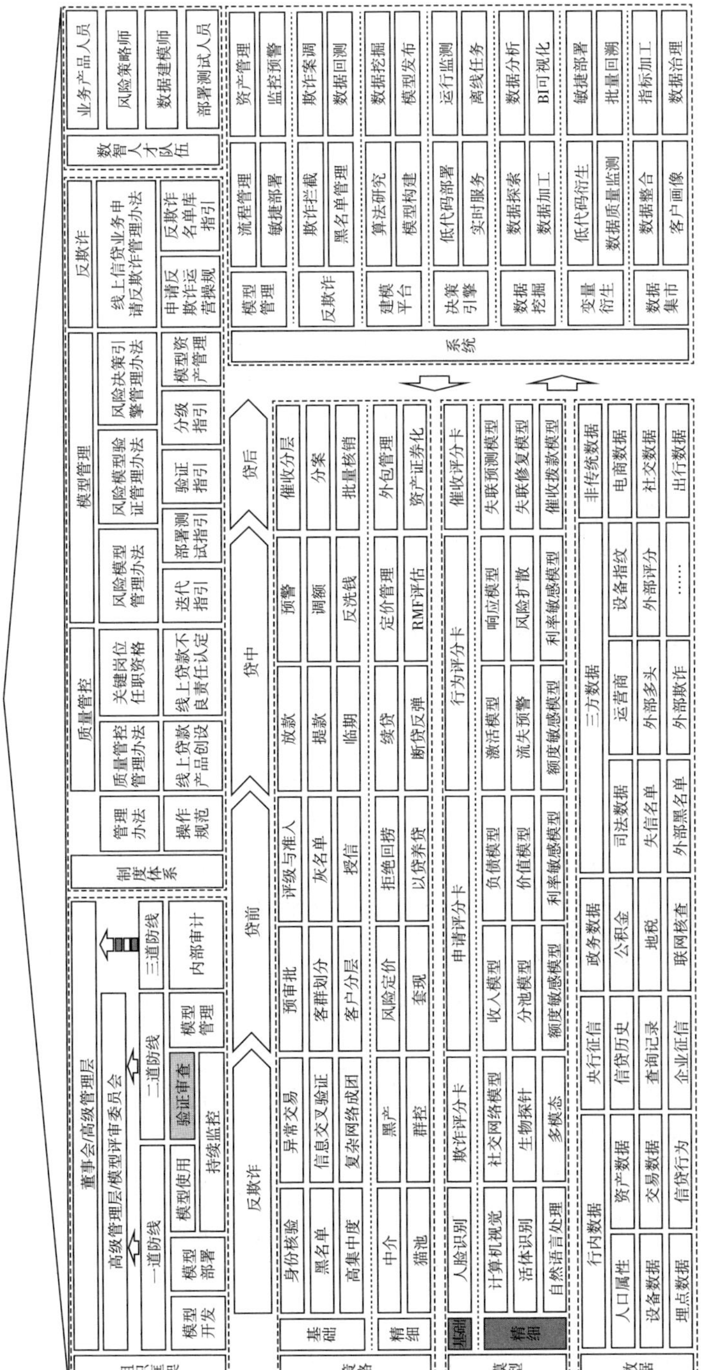

图 4.2　数字化信用风控体系模型

三是梳理业务逻辑。遵循"优选授信主体、额度恰当合理、用途真实合规、具备还款能力和意愿"的业务逻辑。一方面，应用 KYC 模型判断客户，通过客户评级核定授信额度和授信条件；另一方面，明确责任，客户经理对客户的信息真实性负责，模型开发部门对模型质量和判断的结果负责，并不断优化模型。此外，建立授信尽职调查中心，以独立监测评估为工具，实施全覆盖的风险平行监测，及时研判风险演变趋势，制订更具操作性和有效性的管控方案，形成中台对信用风险管理的有效制约。

（三）丰富信用风险管理工具，提升数字化风险管理能力

一是深化客户评级管理。公司客户方面，分类开发客户评级模型，将评级结果应用于客户选择、客户限额、审批授权、风险定价、贷后评级方面，健全以信用评级为基础的全面应用体系。扎实推进内评模型的应用，基于客户评级和债项评级结果，实现二维精细化管理，提高拨备、考核、资本管理等方面的精细化程度。零售客户方面，实施分类分池管理，在贷款申请、存续阶段，对客户进行评级、分类，划定客户组别，实施差异化模型策略和定价，提升优质客群审批通过率和定价竞争力，实现贷款投放和收益率双提升。

二是实施预期信用损失法（Expect Credit Loss，ECL）。通过预期信用损失法，将风险资产对利润的影响从"事后拨备计提"向"事前损失预测"转变，通过 ECL 计量工作，提高风险损失计量的前瞻性和客户分类精细化风险管理能力。

三是加强数据治理。一方面，强化内部数据收集、加工，打通数据竖井和数据孤岛，实现内部数据的标准化、结构化、可视化；另一方面，在合法合规的前提下，持续引入工商、税务、海关、电商、运营商、社交等外部数据，使数源更加全面、丰富、有效。同时，加强数据管理，做好数据的分类和授权使用，确保数据安全。

四是建立风控模型管理体系。针对不同业务、客群和环节选定合适的算法，构建科学的数据模型，规范模型开发、验证、投产、参数调整等管理机制，控制模型偏差。模型研发要从单维度规则模型向高维度智能算法模型演进，逐步使用机器学习算法模型提高风险识别的精准性；模型运营要依托模型分类体系与关联监控逻辑，形成智能风控模型库地图，实现线上化、自动化的风险监测和预警，提高不同模型判断的关联度；加强模型

全生命周期管理，对模型进行持续迭代和调优，组建专业的评审队伍对模型应用需求、模型建立、模型验证等不相容环节进行隔离管理，使模型能够高效服务信用风险管理。

五是打造风险管理专业化平台。构建智能风控管理平台，涵盖各类风险的监测、分析、预警，将风险偏好管理、授权管理、风险模型管理、企业级反欺诈管理、风险决策引擎等纳入平台，满足业务全流程数字化风险管理所需的各类风险模型及策略，提升数字化、智能化水平（见图4.3）。

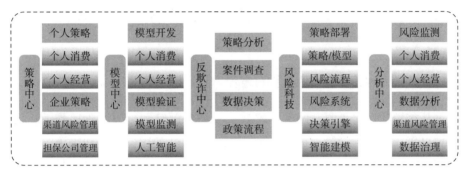

图4.3 智能风控部门

（四）优化流程设计，打造分布式信用风险管理IT系统

一是构建设计合理、运行高效、快速响应客户需求的工作流程。一方面，通过对传统的流程解耦处理并加以整合改造，将单一串联式的风控流程改为"串联+并联"的风控流程，在提高业务处理各环节效率的同时，保证风险控制的质量；另一方面，推动流程标准化，打造全生命周期风控流程，实现决策时效快、客户零感知。

二是构建企业级信用风险管理系统，推动信用风险管理全流程线上化。应用分布式技术架构，打造简洁高效、支持业务、适应监管的信用风险管理IT系统，满足业务场景复杂、客户类别多样、需求不断变化的市场环境，服务各类业务拓展需要。

（五）提高风控队伍数字化能力，完善岗位职责和风险管理责任追究机制

一是提升数字化风控专业能力。重点加强对数据挖掘分析、模型开发等数字化能力的培养，提升风控人员全流程协作能力。强化宏观政策和行

业研究，实现更加精细、更有前瞻性的风险预判。建立分区域、行业的全谱客户分层标准，针对营销企业的市场定位、竞品情况、客户议价能力等特点，制定差异化服务及风控策略。

二是健全管理责任制。完善责任追究方式和流程，细化责任认定标准，统筹考虑信用风险不良后果大小、责任人的行为情况以及责任人行为与不良后果的关联度等三项因素，确定当事人的责任等级。

第三节　数字化信用风控体系的逻辑和策略

一、数字化信用风控体系的逻辑

从客户选择、尽调、评审、放款，再到贷后管理、按期收回贷款，历经数百年，银行风险管理的流程并未发生根本性变化，但驱动物流、资金流流转的信息流正在发生持续改变，无论是信息的维度、数据的量级，还是变化的频次，都与过去发生很大变化，而商业银行的数据采集、分析与应用能力，直接决定了银行的风险管理能力，这和商业银行传统风控逻辑有了明显不同。

（一）从经验驱动向数据驱动转变

商业银行传统风险管理体系是围绕公司信贷业务设计，主要依靠专家判断和经验驱动，企业信用分析存在评价标准不一致、缺乏交叉验证手段、主观随意性较大、缺乏刚性控制等问题。随着小微企业贷款和个人消费信贷的快速增长，基于专家经验法的风控模式已经无法适应快速增长的业务发展对快捷、精准、低成本的风险管理业务的需求，亟待低成本、高效率、精准化的风控模式。而数字技术的发展，使社会生产和生活行为转化为可记录、存储和交互的数据，成为重要的生产要素。同时，大数据、云计算、人工智能、区块链等新型数据分析和存储技术的广泛应用，使从经验驱动向数据驱动转变的数字化风控成为可能。其中，大数据技术可构建风险全景视图，伴随数据中心、智能计算提供的强大算力，支持海量风险数据深度挖掘，快速甄别各业务条线中暗藏的风险信息，有效解决风险数据数量大、信息隐藏层次深的问题；人工智能克服了人类信息处理能力的不足，例如机器学习可以突破人类经验的极限，基于用户行为、业务事件频次、事件异常程度等进行风险预警，更好地预测个人信用风险，从而构建更加有效的风控体系。

（二）从线下模式向线上数字化、智能化模式转变

数字化风控体系是数据驱动的、线上和线下相融合、智能决策和人工信审相结合的综合化风控体系。数据驱动不是简单地以机器替代人工或是纯粹的线上化和自动决策，而是改变过去人工审批的低效，通过产品的线上化、数据引入和智能分析，实现批量化处理，并在特定的时候加以人工干预。线上方面，基于线上化的客户授权采集征信、企业税票等信用信息可以高效实现客户画像、智能评分、授信策略、产品匹配等，更加高效地提供小微金融和个人金融服务；线下方面，通过人工信审、补充尽调，弥补模型和线上信息的不足，增加辅助分析和判断。

（三）从串联隔离的传统风控向并联协同的全流程风控转变

数字化风控的本质是运用新技术对银行传统风险管理架构、流程进行重构。虽然流程化管理模式促使前中后台的分离和相互制衡，从制度上减少了各个环节的道德风险，但由此导致信贷决策的形成路径具有高度串联性，容易产生信息衰减和失真。同时，风险管理协同性不足，前中后台"三道防线"激励不相容，也造成了管理分散性与目标整体性的冲突。因此，要围绕基于一个技术底座、围绕统一目标的操作流程，建立线上化、参数化、数字化的风险偏好管理和传导机制，实现信息之间的广泛关联和动态全方位监控，让前中后台风险管理部门既具有独立监测风险的能力，也能实时向其他单位传导信息，实现风险管理的有机融合。

（四）从事后粗放式风险管理向事前精准化风险防控转变

通过智能分析和辅助决策，数字化风控模式不但能使风险管理从事后财务分析转向事先预警、主动授信，同时能够在很大程度上改变过去的作业流程低效、风控依赖经验、管理流于形式等问题，使每个环节的风险控制更加精准高效。在贷前客户准入环节，对客户多维度的大数据画像，可更加全面准确地对不同信贷场景下的客户进行风险评分和预测，准确识别客户的信贷需求，有效防范欺诈、多头借贷和反洗钱风险；在贷中风控环

节，智能风控通过接入外部数据，为授权、交易、授信、异常行为等提供辅助决策，动态分析客户的偿债能力，有效防范与控制欺诈交易等贷中风险；在贷后风控环节，智能风控可针对有逾期征兆或行为的客户进行管理、识别和催收，对客户的还款意愿进行准确分析，提高金融系统对各类风险的计量、预警、化解与防控能力。

（五）从基于产品运营的风控向围绕客户全生命周期运营的风控转变

满足客户需求是数字化风控体系建设的出发点和归宿。随着场景金融的发展以及客户需求的多元化、综合化，围绕客户经营和价值挖掘，商业银行致力于打造客户首次营销、价值深度挖掘的综合化、全生命周期数字化旅程，并构建与之相匹配的风控流程。围绕客户全生命周期运营的风控，就是在不同的场景下，结合客户需求和银行自身风险承受能力制定风险限额，通过系统、数据、模型、策略等手段，将风控贯穿于满足不同阶段客户需求的产品、服务、授信全流程，实现快速决策、精准定价、全流程风控。

二、中小商业银行打造数字化信用风控体系的约束条件

（一）数字化风控体系的规模化应用存在约束

当前，缺少集群化、批量化的小微客群是中小商业银行面临的普遍问题，同时，小微客群的共性特征是信用缺失、行业分散、公私不分、关联隐蔽、经营波动、强烈避税等，两者都对数字化风控体系的规模化应用带来了较大的挑战。此外，开展小微金融和普惠金融的应用场景不够丰富，场景的规模化应用能力亟待加强，需要提取客群的共性因素，与新技术实现有效衔接。

（二）适配的风险管理流程需要进一步优化

数字化风控体系不仅包括线上化、数字化的风险管理模型和工具，还包括让数字化工具有效发挥作用的风险管理流程以及相应的机制。目前，风险管理流程仍主要是信息提供者、模型构建者和审批管理者三者的

前中后台分离。下一步，只有围绕数据获取、模型设计和验证、数据分析、信审、贷后管理、预警监测，做到前中台的高效协同、功能分离，才能使风险信息的快速共享、风险政策的高效传导成为可能，推动风险管理更趋扁平化。

（三）数据底座有待夯实

扎实的数据底座能为风控技术解决方案提供强大支撑，降低试错成本，这些成本包括模型设计缺陷、主体关联标识缺失，导致主观判断客户，无法识别多头共债和过度授信风险；也包括数据分析缺陷，如机器学习、深度学习等算法往往关注的是变量间的相关关系，而较少考虑因果关系。因此，中小商业银行要围绕流程优化、模型迭代、规则完善等持续优化整个业务体系，打造一套完整的基于统一数据底座的智能风控体系。

（四）模型适配性存在差距

客户评级模型是整个客户准入的关键。目前，中小银行的客户评级模型仍存在通过率低、适配性较差的问题，其原因主要是模型简单粗放，模块化、集成式程度低。未来要在企业财务信息、征信信息的基础上，引入工商、司法、税票等通用数据维度和行内交易数据维度，建立包含财务评价、行为评价、预警信息分析评价在内的模块化和集成式的通用评分卡，再根据相应的企业类型、纳税等级及所属行业，通过几十套差异性、精细化的评分模型池，得出不同标识客户的评分卡结果，并通过其他个性化场景、三方数据对评分进行调整，最终形成客户评分评级。

（五）数据获取和治理亟待加强

目前，涉企政务数据仅开放了工商、税务、法院等部门的数据，且字段信息不完整，而对银行信贷决策起重要作用的水电费、不动产数据仍然缺乏，需要替代性数据技术。同时，"数据孤岛"问题依然突出，关联数据缺失，数据质量不高。

三、构建中小商业银行数字化信用风控体系的策略

中小商业银行要加强顶层规划，通过优化制度和流程，实现业务的统一管理并构建统一的风控体系，夯实技术底座，以线上化、智能化为依

托，实现批量化处理，构建自动决策和人工决策相结合的规则体系，打造线上线下相结合的风控模式，适应当前发展的需要。

（一）制度流程层面

一是健全完善风险管理制度体系。构建审贷分离、分级审批、"三会一层"和"三道防线"共管风险的风险管理体系，规范授权管理，做到权责相符。规范清晰的流程操作制度体系，以及细化数据采集、模型建设、核保验证、风险预警、催收调查等流程的操作要求和结果评价标准，使信息能够及时传递，每个环节都能高效运作。

二是构建面向不同客户的风险治理架构。构建数字化风控体系，治理架构是核心。治理架构要建立在"以客户为中心"的基础上，适应不同客户的风险特征，完善授信决策规则体系，优化产品业务流程体系。对于大中型企业客户，引入人工信审和线下流程，平行作业，共担风险。对于小微企业和个人客户，下沉授权，实现数字智能评审，即通过线上化自动决策的小微产品在快速高效触达客户后，基于数据调用，完成对小微企业和个人信用评估，然后根据不同产品设计准入策略及相应策略模型，实现线上线下相结合。对于不能准入的信用贷款，一方面，通过灰度测试、回捞模型等优化模型；另一方面，通过线下调查环节补充信息，增加辅助分析，可以与抵押担保方式相融合，设计相应的决策规则，通过模型结果、授信指引、辅助报告、基于报告引擎及配置好的相应辅助决策报告，加上线下人工补充信息录入和分析评价，给予最终的授信决策。

三是推进扁平化、协同化的流程变革。中小商业银行要加快敏捷型风控组织变革，推动以串联为主的信贷业务流程向串联和并联合一转变，即风险判断流程继续保持串联模式，业务处理流程由串联变为并联，从而在业务处理的每个环节，既保证风险控制循序渐进，又能够实现风险措施的实时介入，指导业务决策。此外，流程变革还要打破传统条线的分割和协同障碍，通过建立跨部门和跨条线的统一风险管控平台，在明确各自责任的基础上实现有效协同，包括业务协同、管理协同、建模方面的协同。

（二）机制层面

一是健全业务和科技有机融合的考核激励机制。构建数字化风控体系是系统性工作，必须基于"对业务的深刻理解""对风险的准确评估""对大数据等技术的有效运用"，强化科技与业务部门、风险管理部门的沟通协作，建立目标一致、责任清晰、业绩共享、风险共担的考核激励机制，只有这样，才能解决发展和风险的矛盾，最终使数字化风控能够有效覆盖全机构、全员、全流程。

二是构建统一灵活的数字化风控底座。这包括以线上化基础产品为核心的产品底座，以智能评分模型为核心的模型底座，以智能决策引擎为核心的系统底座等，通过产品、模型、系统的有机衔接，推动业务和科技加速融合。同时，筑牢分布式数据架构基础，实现风险系统流程间的串联和并联，便于风控系统随着业务场景更加复杂、数据体量变大，随时引入更多功能，满足各类业务需要。

（三）技术层面

一是加快模型开发和迭代优化。根据形势、政策和风险偏好，从业务全流程风控的角度出发，围绕客户评级、额度设定、放款验证、贷后管理，构建科学迭代的风控模型，包括客户评级模型、模型路由机制、监测预警模型，并做好模型的评审、构建和验证。从单维度规则模型向高维度智能算法模型演进，使其成为兼具统一性与灵活性的多维模型架构，并在运用高质量风控数据的基础上借助机器学习算法模型，进一步提高风险识别的精准性和有效性，为未知领域的风险研究、前瞻预判提供有益尝试。

二是构建适应不同客群的模型策略体系。针对小微企业，基于传统评级授信体系，以原材料采购、销售流水、税票数据等为底座，以财务还原为目的，比如以应税收入替代来自利润表的主营业务收入，以发票数据指标替代传统尽职调查中的经营分析，通过水电气、社保数据评价经营稳定性/波动性等，通过数据替代、模型融合，构建以财务分析为中枢的模型策略体系。针对个体工商户和个人，以银行流水数据为底座，通过叠加交易、支付、出行等第三方平台数据，构建以收支分析为中枢的模型策略体系。针对涉农新型经营主体，提供基于农业供应链、农村资产确权等基础设施建设和相应数据支撑。

三是完善数据治理，充分挖掘数据价值。一方面，强化内部数据收集、加工，打通前中后台各类系统，实现所有信息的数据化、标准化、结构化、可视化。在合法合规的前提下，积极拓展外部数据来源，使数据来源更加全面、丰富、有效。加强数据管理工作，做好数据的分类管理、交叉验证，推动各类数据分类分级确权授权使用，确保交互安全、范围可控。另一方面，宏观、行业和微观研究相结合，针对不同行业、不同客群，加强数据分析特别是多维度指标特征的挖掘与分析，比如在事前通过 IV 值（Information Value，信息价值）数据分析方法来解决指标构建和入模区分度问题，提升数据应用价值。加强风险集市和风险墙的应用，提高风险管理的主动性和有效性。

第四节　同业风险管理体系实践及经验总结

近年来，同业先进银行围绕"积极支持实体经济，有效防控金融风险"，积极打造数字化信用风控体系，不断提升风险管理的效能，值得中小商业银行学习借鉴。

一、同业风险管理体系实践

（一）风险管理体系架构

建立职责关系合理、边界明晰、责任压实的全面风险管理架构是国内商业银行的共识，也是风险管理制度的基础。目前，国内银行普遍建立了垂直、集中、独立的风险管理架构。

"三会一层"层面，董事会承担风险管理的最终责任，下设风险管理委员会等专业委员会，负责风险战略的制定、实施情况的监督和整体风险的评估。高级管理层负责执行董事会制定的风险战略，承担全面风险管理的组织实施责任。通常，高级管理层下设授信审批委员会等专业委员会，负责统筹风险的全流程管理。监事会则承担风险管理的监督责任，对全面风险管理体系建设及董事会、高管层履行全面风险管理职责情况进行监督检查并督促整改。同时，国有六大行和股份制银行普遍建立了较为完善的首席风险官制度。在高级管理层层面，首席风险官牵头全面风险管理体系建设和巴塞尔资本协议的实施，直接对首席执行官和董事会主席报告，负责全面风险管理。

总分支行层面，国内商业银行普遍选择"矩阵式"模式，将风险管理分部直接设置到业务部门及分支机构中，实现对总行风险管理部和所在机构的双线报告组织体系，强化业务发展与风险控制的紧密结合。例如，邮政储蓄银行、中信银行等银行，通过风险经理派驻机制，强化纵向制衡与横向监督，实现派驻风险管理人员与分支行业务经营人员的利益隔离，保证其履职独立性。此外，近年来，国内商业银行持续强调风险管理责任的横向到边、纵向到底、监督到位，除了由业务部门、风险管理部门、内部审计部门共同构成的风险管理"三道防线"外，多家银行在分支行层面强化风险与内控管理委员会的设立，以此强化全面风险管理体系在全行层面的延伸落地。

（二）风险偏好和风险限额

风险偏好作为商业银行总体战略的一部分，体现了商业银行的战略选择、价值导向和业务取舍，是风险管理战略的核心和关键。风险偏好的管理与实现主要包括偏好指标体系的构建、风险偏好的传导与实施、风险偏好评估和反馈等环节，根据风险偏好，按照客户、行业、区域、产品等维度设定风险限额。而风险限额应当综合考虑资本、风险集中度、流动性、交易目的等。

一般而言，风险偏好体系可分解为总量和重要风险指标、特殊业务条线风险指标和难以量化的非财务风险指标三个级别。第一级是总量和重要风险指标，覆盖银行实际经营中面临的主要实质性风险，是反映银行整体风险偏好的最高层面指标。这主要包含盈利能力指标，如股本回报率（ROE）、资产回报率（ROA）等；资本充足指标，如资本充足率、核心资本充足率、目标信用评级等；风险管理指标，如不良资产率、拨备覆盖率等；信用风险、市场风险、操作风险等风险条线的重要指标；等等。具体核心指标设置则根据业务发展状况和管理目标有所差异。例如，中信银行主要采用监管部门关注的通用核心类指标来设置风险容忍度；招商银行注重盈利增长和分红等股东期望、经济资本耗用比例，也重视内部评级等精细化计量指标的应用，将资产组合加权平均的违约概率（PD）、资产组合加权平均的违约损失率（LGD）纳入风险偏好指标体系。第二级是特殊业务条线、非银机构的主要风险指标，主要选取体现业务条线和风险差异化特点的个性指标。例如，为调高具体业务管理效能，可以设置普惠金融业务条线偏好、金融市场业务条线偏好、资管业务条线偏好等，调高或调低风险容忍度。第三级是对声誉、战略、合规、法律、行为、信息科技、反洗钱等难以量化的非财务风险，通过定性陈述方式明确风险容忍度要求。风险偏好通过政策制度、授权管理、授信审批、限额管理、经济资本、绩效考核等多种方式，自上而下地分解并传导，成为各职能部门、业务单元和分支机构的具体行为目标（见图4.4）。

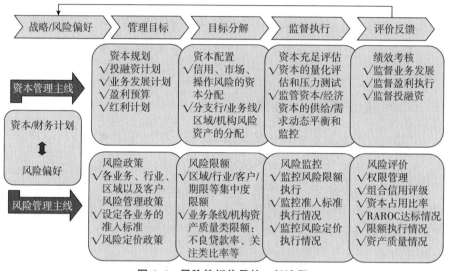

图 4.4　风险偏好传导的一般流程

（三）风险管理工具与方法

1. 数字化、智能化风险管理工具应用逐步深入

在风险管理工具方面，为克服新冠肺炎疫情的负面影响，国内商业银行数字化、智能化转型步伐加快，深耕数字化、智能化风控体系已成为国内商业银行的普遍选择。例如，农业银行发力于信用卡和个贷领域风控的智能化，着力打造信用卡智慧风控体系，实现全流程风控的智能化、差异化、集中化和总分一体化；同时，推进区块链云服务平台 BaaS 系统建设，将区块链技术应用于信贷风控等领域场景。在人工智能技术应用方面，构建了百亿级关系的知识图谱网络，为链式营销、电信诈骗专项治理提供图谱支撑。建设银行信用风险管理着重强化信贷流程精细化、授信模型决策覆盖、风险计量工具打造、资产保全平台建设，加强金融科技在信贷流程关键环节中的运用，2018 年明确金融科技战略实施方向，通过推进住房租赁、普惠金融和金融科技三大战略，构建金融生态、搭建场景，2020年以来全面开启数字化经营，打造包含业务中台、数据中台和技术中台在

内的大中台体系并围绕"生态、场景、用户"开展探索。邮储银行则着力打造"金睛"信用风险监控系统、"金盾"资产质量管理系统等智能风控系统；同时，基于各类内外部风险数据和信用评分模型进行风险控制，推进贷前自动化审批决策和贷后风险预警模型策略的应用，建立"大数据+评分卡+新技术"的全流程数字化信用风控体系。招商银行则选择拓展强化其智能风控平台"天秤"，以此提升交易风险管控能力，并基于大数据及人工智能技术，构建起全新一代的实时智能反欺诈平台，打造了智能决策与智能管控的双核智能体系。

2. 内部评级体系建设及应用逐步深入

自 2004 年巴塞尔新资本协议颁布之后，我国根据新资本协议内容，逐渐建立起内部评级体系。中国银行通过设置风险管理部，细化客户和贷款两维评级职能，进一步完善了以新资本协议为标准的内部评级体系，开发了信用风险管理系统。建设银行借鉴 JP 摩根的 Credit Metrics（信用计量模型）模型，建立完善了自身的内部评级体系。自 2013 年《商业银行资本管理办法（试行）》实施后，工商银行、农业银行、中国银行、建设银行、交通银行、招商银行六家银行启动实施内评高级法，六家银行以规划设计、开发建设到应用完善，反复优化，建成了第一支柱资本计量高级方法体系。通过高级方法实施准备工作，六家银行打造了"升级版"的风险管理体系：一是风险量化、资本约束成为经营管理的核心要求，形成了风险、收益平衡的经营理念；二是董事会、监事会、高管层厘清了风险管理的职责边界，构建了前中后台多层次的风险防控体系；三是研发了一批将国际模型技术与我国银行业实际相结合的计量模型，实现了风险计量的科学化和精细化；四是风险量化结果逐步运用于信贷政策、授信审批、风险定价、绩效考核等领域，以风险计量促管理；五是强化了 IT 系统建设和数据质量管理，以模型助推数据质量，不断完善 IT 系统；六是逐步培养、锻炼了一支掌握先进风险技术，具有自主研发能力的风险管理队伍。

3. 授信管理更加注重实用和效率

授信政策方面，在统一的年度综合授信政策总框架下，打造差异化的行业授信策略体系，已成为国内各大商业银行的普遍选择。而行业信贷投向指引等专项政策指引的具体策略选择、高效传导和敏捷迭代，则是目前多数大型商业银行在授信政策管理方面的发力要点。

后疫情时代，从宏观环境来看，我国产业发展环境和条件都将发生阶段性变化，战略性新兴产业、普惠金融、绿色金融、制造业成为国内各家商业银行信贷支持的重点领域。对地方政府债务、房地产、"两高"（高耗能、高排放）行业等重点领域，强化风险管控力度，推进风险化解处置是国内商业银行的普遍要求。例如，在绿色金融方面，农业银行对"两高"行业提出有压、有扶、有控，保障煤电、钢铁、有色金属等生产企业合理融资需求，不盲目抽贷、断贷，但坚决压缩退出能耗、排放等不达标且整改无望的高耗能、高排放客户。邮政储蓄银行强化了新增客户准入管理，禁止支持不符合要求的"两高"项目。建设银行则要求将环保理念嵌入授信流程，强化环保的"一票否决"制度。而在 ESG（Environment，Social and Governance，环境、社会和公司治理）风险识别与管理方面，工商银行和邮政储蓄银行已开展了气候风险压力测试，工商银行更是首先将气候风险纳入全面风险管理体系，着手构建气候风险治理架构。而在房地产领域，除坚持"房住不炒"定位，强化落实房地产金融审慎管理要求外，农业银行强调要重点支持保障性住房、租赁住房和普通商品住房建设，满足房地产市场合理融资需求。邮政储蓄银行则要求加大对长租房市场、保障性住房建设的金融支持力度。此外，建设银行、农业银行在传统领域外，对互联网贷款业务也提出规范要求，强化互联网贷款信用风险管理体系和互联网贷款业务合作机构管理机制的建设。

（四）管理信息系统和数据质量控制

银行同业普遍建立了风险管理信息系统，实现支持各业务条线的风险计量和全行风险加总；识别全行范围的集中度风险，包括信用风险与市场风险、流动性风险、声誉风险等各类风险相互作用产生的风险；分析各类风险缓释工具在不同市场环境中的作用和效果；支持全行层面的压力测试工作，评估各种内外部冲击对全行及主要业务条线的影响；具有适当的灵活性，及时反映风险假设变化对风险评估和资本评估的影响。

信用风险方面，银行同业普遍建立了信贷管理系统、内部评级系统、客户信用风险管理系统，通过全行信贷业务数据集中，实现对信贷业务全流程自动化、规范化管理，逐步建立起贷前风险评估、贷中风险监测控制、贷后风险预警处置等信用风险管理功能，提高业务集约化经营管理水平及风险控制能力。ICAAP（Internal Capital Adequacy Assessment Process，内部资本充足率评估流程）管理信息系统是实施新资本协议第二支柱的重要内容之一。如工商银行开发了第二支柱，系统的关键模块包括风险识别模块、风险评估模块、整合性压力测试模块、资本充足率汇总模块。支持第二支柱新增实质性风险识别、评估、量化，汇总内部资本充足水平；建设了RWA（Risk-Weighted Assets，风险加权资产）系统，实现信用风险、市场风险、操作风险加权资产的自动汇总，并预测变化趋势。

二、同业数字化信用风险管理经验总结

受新冠肺炎疫情背景下"非接触式"金融服务需求激增影响，国内商业银行在数字化转型方面提速明显。越来越多的商业银行意识到，风险领域数字化转型带来风险决策效率和质量的提高，银行在风控业务数字化进程中，打造全流程、全链条的智能风控体系，能够为商业银行创造真正的业务价值。

（一）技术和机制是构建数字化信用风控体系的关键要素

对商业银行而言，客户是数字化信用风控的中心支点，技术和机制则是贯穿数字化信用风控体系始终的保障因素。

1. 客户需求是构建支撑数字化信用风控体系的出发点和归宿

在数字化日益加深的大环境下，客户自身的行为模式、金融诉求等发生较大改变，而商业银行借助新技术对客户特征的分析、了解程度也在加深。这使得银行贷款服务的供需双方要在数字化信用风控方面达成共识。一方面，客户需求变得多元而复杂。以往，客户只是在有购房购车之类的大额资金需求时，才会倾向于选择贷款服务，但随着网购等数字生活新模式的崛起和普及，小额且分散的贷款需求日趋寻常，而传统贷款模式无法有效满足此类需求。另一方面，客户对金融服务体验有更高要求。客户对标互联网公司，希望贷款服务触手可及，对时限容忍度降到极低，商业银行只有提高产品体验，才能吸引和留住客户。

2. 技术是数字化信用风控实现的基础和持续演进的保障

大数据和人工智能技术在数据挖掘和深度学习中不断进行自我更新、自我优化和自我迭代，发掘更具普遍性的风险规律，如机器学习可以突破人类经验的极限，基于用户行为、业务事件频次、事件异常程度等进行风险预警，提高了商业银行的风控能力。因此，商业银行在构建数字信用风控体系时，要筑牢分布式技术架构基础，以便实现风险系统流程间的串联

与并联；同时，便于风控系统随着业务场景更加复杂、分析数据体量变大，而随时引入更多功能，来满足各类型业务需要。

3. 机制是推进数字化信用风控成功实施的融合剂和助推器

构建数字化信用风控体系是系统性工作，需要数字化重塑风险识别、风险计量、风险监测、风险评估、风险控制、风险报告等环节，这必须基于对业务的深刻理解，对风险的分析与评估，对大数据和技术的应用，对流程、数据和组织进行协同调整才能最终完成，因此必须充分发挥激励、约束和保障机制的作用，既完善制度、风险偏好等顶层设计，又充分结合一线人员的反馈意见，规范细化工作流程，同时强化科技与数据部门、业务部门、风险管理部门的沟通协作，最终使数字化信用风控能够有效覆盖全机构、全员、全流程。

（二）平衡数据监管和数据运用

商业银行要在数据监管和数据利用之间，谋求一个风控底线牢筑的平衡点。首先，注重数据获取合规性。在数据的获取、使用和分析过程中务必审慎合规，注重保障客户隐私安全，防止过度收集客户信息，加强客户信息和数据使用管理，切实保护金融消费者权益，既要保障数据的全面、真实，也要控制合规性风险。其次，数据治理要真实有效、高效使用。在数字化风险管理体系中，我们需要关注数据真实性风险。从公共平台获取的数据，要防范公共数据平台的数据被篡改、被恶意使用的风险；从三方平台交换获取的数据，明确授权使用场景，通过评分代替直接数据交互，防范数据泄密；对客户经理尽职调查数据，加强对数据真实性的核查校验，压实尽职调查职责。对尽职调查者的风险控制是数字化风控管理非常重要的一个环节，构成数据治理的重要内容。此外，数据要复用，以降低成本。高标准、高效率地筛选、分类、使用数据，细化数据风控模型，充分利用大数据对银行业务的各个环节完成多维度的动态风险管理，在有效提升风险管理精度和效率的同时，降低风险管理和数据使用成本。

（三）利用智能化、数字化、主动化的风控技术对业务风险实施全面管理

以风控中台为底座，整合、加工全行风险数据，构建多维度、跨行业、产品化的数据体系，从加强审批客观性、提升管理效能、优化客户体验等方面，提升银行的风险识别预警能力，做到智能风控赋能业务经营。

1. 传统授信注重流程、人员分离，而数字化授信注重模型功能分离

传统授信需要人工传递数据信息、前中后台相互分离，通过人工做尽调、评审、客户判断、放款、贷后管理，能实现审贷分离、分级审批、贷放分控；从传统授信到数字化授信，流程和授信逻辑没有发生变化，但流程的实质在变化。数字化授信依靠模型审批，数据校验也通过线上取数，模型风险更加突出，数据真实性尤为重要。因此，数字化授信要区分场景适用性，通过建立大型客户、重大项目平行作业制度，要求客户经理、产品经理、风险经理平行作业，共担风险，各方获取数据相互印证，不只考虑一方的数据，对获取数据进行校验、交叉验证。对于小型客户，基于客户的联系、沟通、获客下沉授权、数字评审，在数字化风控逻辑下，借助数据化、模型化、标准化的技术手段持续优化设计产品；还要在强调风险管理治理架构的独立性的同时，建立健全既相互联系又相互制约的考核机制来解决发展和风险之间的矛盾，比如尝试构建风险共担、业绩共担、责任清晰的业绩考评模式。

2. 模型风险重要性更加突出

模型风险的管理是整个风险管理的重要内容，模型治理体系是核心。无论是数字化还是人工传统审批，信用审批的逻辑本质并没有改变，遵循基本的客户调查、客户评级、准入限制、授信评审、授信限额等流程。选择什么样的客户，就有什么样的风险，必须通过风险控制措施去覆盖风险。客户评级模型，作为整个客户准入的关键环节，是风险管理的闸门；要用数字化的方法保障客户评级有效，模型要试点、推广、测试、验证；还要根据模型的管理逻辑对不同的模型作出风险重要性分级设计，例如，概率模型属于定价模型，而不是客户准入的模型，要差异化地进行分级。对于较低评级的客户，因为其违约概率高，可以设置不同的授信条件，提高定价条件覆盖风险，是整个风险控制的逻辑。

3. 关注模型设计的风险，持续迭代更新

通过模型来对客户进行风险评估的标准是统一的，这是规避主观选择客户、防范人为操作风险的重要手段。一方面，在模型开发过程中，需要数据获取、模型设计、模型验证、预警管理等环节相互独立，通过模型群建设使前中后台相互协同，这样既可以有效防控模型风险，又能提升经营效率。另一方面，在确保模型开发风险可控的基础上，通过贷后人员发现异常问题，可以进一步反哺模型，对模型进行及时迭代和修正，因此也可以对模型的开发形成有效的制约机制。此外，要针对不同客户采取不同的模型审批授权机制，如过去是通过对人工进行额度授权，现在是大客户采取"授权+辅助性行研判断"，零售客户通过模型授权自动审批进行客户风险判断，因此可以考虑进一步细分为优质客户提高授权、中风险客户审慎授权、高风险客户不授权的机制。

（四）根据业务类型，分阶段推进风险体系数字化、智能化

零售业务方面，作为数据密集型产业，人工智能、隐私计算等新兴数字技术已在银行零售业务中发挥重要作用，推动信贷业务向线上化、数字化转型。基于大数据、人工智能等技术，上线客户金融服务平台系统、信用风险评估系统、电子签章系统和催收系统等项目，自动进行风控决策、预测和预警，实现线上信贷业务快速审批、快速放款。深入应用人工智能技术，基于建成的人工智能服务平台，研发事中反欺诈、智能投顾、智能客服机器人、线上贷款风控等系统，为智能营销、欺诈拦截、票据识别、大数据风控等多种场景提供服务。积极打造智能网点，升级智能客服，提升智能化水平。

对公业务方面，大数据等新兴数字技术对于银行对公业务的风险管理同样具有很好的适用性，可以帮助银行有效解决业务对象的风险判断，降低不良率，并通过自动化智能决策，降低运营成本，提升全业务流程的管理能力。随着新型数字技术的发展，以及互联网平台经济等新兴商业模式的涌现，企业的商业模式、产业发展规律发生显著变化，使很多企业和产业链之间出现了各种各样的共生共存关系。传统的企业之间、产业链上下游之间的买卖关系都发生了很大变化，要求银行充分有效利用授权的内外部多元、异构数据资源，优化完善风险预警模型，利用区块链技术保证信息传递可信，运用大数据促进模型计算、反欺诈，用人工智能代替人工审查，提高效率，提升风险识别能力。以绿色金融为例，在支持"双碳"目标实现过程中，金融产品服务的企业对象的行为、碳表现、持续供应链表现都涉及很长的数据链，需要大数据、人工智能、联邦学习等先进技术手段来支撑风险管理。

第五节　建设中小商业银行数字化信用风控体系的实践和案例

一、中小商业银行公司信用风控体系建设的关键环节

（一）客户评级

客户评级是信用体系建设最关键的环节，它是整个风险管理的起点和核心。有了客户评级，就能决定客户是否准入、授信额度是多少，才有违约概率（PD）、违约损失率（LGD）、违约风险暴露（EAD）、有效期限（M）、预期损失（EL）、非预期损失（UL）和 VAR 等信用风险度量问题，才有基于内部评级的信用风险度量模型。因此，银行的客户准入、授信授权、风险监控预警、风险限额等综合授信和风险管理活动都是建立在客户评级基础上的。

客户评级的前端是反欺诈。银行根据客户的背景信息、交易信息、第三方机构的黑白灰名单，设定客户欺诈风险评级，达到认知、筛选客户的目的。实践中，公司业务评级既要考虑借款主体自身评级、债项评级、担保主体评级、行业评级、区域评级，又要考虑集团家谱评级，通过开发多维数据驱动的客户评级模型，提升客户评级的准确性。

（二）建立基于内部评级的数字化风控应用体系

基于内部评级体系的高级应用，主要包括以下六个方面。

一是客户准入管理。传统的客户准入主要靠人来判断，这样就存在不同的人有不同标准的问题，从而引发客户准入标准与实际情况发生错配、客户体验不佳、员工寻租等现象。评级模型体系则是通过量化建模的方式，综合考虑客户还款能力、还款意愿、负债水平、收入水平、客户担保等信息，由模型客观评价决定客户是否可以准入。

二是授信授权管理。传统的授信授权审批方式是以业务种类为基础，区分低风险和一般风险业务，采用单笔授信及综合授信方式进行管理，而没有考虑相关授信主体的差异化风险衡量标准。通过内部评级体系的建设，银行可以实现基于客户评级的差异化的信贷准入及授信制度，提高评级结果在信贷审批中的针对性和可操作性（见图 4.5）。

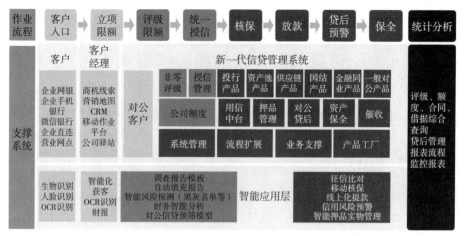

图4.5　数字化风险管理体系

三是信用风险监控和预警。通过对各类资产和业务日常监控和后期管理中采集的资料和信息，进行定量、定性分析，发现影响安全的早期预警信号，识别风险类别、程度、原因及其发展变化趋势，并按规定程序和要求，采取针对性的处理措施，及时防范、控制和化解风险。

四是风险限额管理。内部评级应用体系有助于健全风险暴露总量的约束机制，测定各敞口风险限额，从而实施以行业、区域、产品、客户多维度的限额管理，对风险限额的执行情况实行连续监测，并在各敞口业务规模接近或突破风险限额时采取控制措施。

五是风险定价管理。公司客户的贷款定价逻辑主要遵循以下原则：第一，对于头部优质客户市场化定价，紧盯同业定价水平，强化综合收益管理，实行白名单制管理；第二，对于中间客群强化分层管理，提升风险成本计量精准度，提高定价分层水平，实现风险覆盖，稳定行内收益；第三，对于尾部客群提升议价能力，通过提高风险较高客户的定价水平，优化客户结构，提高行内收益，并实现高风险客户的有序退出。从具体实施来看，可根据风险内部评级将客户分为三大类九个等级，划定基本的定价档位，再根据评级、期限、产品、担保方式的不同，形成资产统一价目表，进行统一精准定价（见图4.6）。

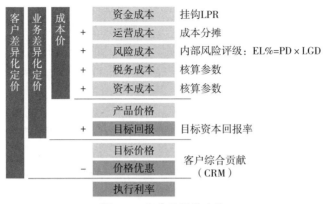

图 4.6　客户差异化定价

六是贷款损失准备计提和信用风险经济资本计量。利用信用风险组合管理模型，将损失拆解为预期损失 EL 和非预期损失 UL。其中非预期损失 UL 一旦发生，则隐含着需要有足够的资本来覆盖，而预期损失 EL 则是靠收入来进行拨备计提的。信用风险所需的经济资本是给定置信水平下的非预期损失与预期损失之间的差额，计算信用风险所需的经济资本一般分为三个步骤：首先是计算单个资产的非预期损失 UL；其次是计算单个资产非预期损失 UL 对整体资产组合的贡献 ULC；最后是将非预期损失贡献 ULC 转化为经济资本 EC。

（三）强化公司业务数字风控智能辅助决策体系

智能辅助决策体系是中小商业银行公司信用风控体系建设的重要支撑。它通过构建与公司业务相关的分析、监测、预警系统群，为贷前、贷中、贷后各环节的决策提供数据支撑，确保风险管理决策的科学化、智能化。

一是数据分析和挖掘系统群。通过一站式报表平台、客户画像平台、数据资产平台、基础数据报送和管理平台等，支持数字风控的可视化管理。

二是业务核心系统群。从公司客户入口、立项调查、评级限额、统一授信、核保、放款、贷后预警、保全等全生命周期建设业务系统群等方面，统一入口，打通数据和系统，合理规划服务架构，提高作业效率。

三是对公信贷预筛选及辅助决策模型。构建风险客户预筛选模型，提升高风险客户刚性拦截力度，在准入端直接进行筛选；对通过预筛选模型的对公客户，利用企业财报智评模块和非财务智能分析模块，构建授信辅助决策模型，在进件环节进行财务分析，实现风险前置；在后端与贷后及预警系统对接，持续跟踪资产质量与财务变化情况，反哺财务分析模型策略调优。

四是计量监测系统群。提升风险信息归集、监测、审查的准确性、及时性，构建线上化、智能化的信息收集、传导和风险分析监控体系，从信息统计分析的角度挖掘价值，为客户的组合管理、评级迁徙、限额预警、定价管理等决策提供支持。

二、中小商业银行零售信用风控体系建设的关键环节

中小商业银行零售信用风控体系建设的重点是在线上化的基础上提升数字化和智能化水平，充分挖掘和利用人工智能、大数据、机器学习模型来实现决策的自动化、数据化、智能化。在此过程中，需要把握以下四个关键环节。

（一）零售大数据风险决策模型

机制建设方面，搭建以模型稳定性和区分能力为核心指标的运行监测机制、以资产质量和客户画像为核心指标的风险监控汇报机制、以反欺诈审批规则和网络规则为核心指标的欺诈案件收集机制，实现风险模型的集中管理；模型群建设方面，开发包含各类线上产品的申请评分模型、行为评分模型、催收评分模型、反欺诈模型等，提升模型对业务的支撑能力。

（二）数据治理和系统架构

全方位收集整合客户全生命周期数据并进行系统化管理，引进公积金、运营商、社交、消费行为等外部多维度大数据，最后通过统一标签衍生平台，挖掘以人民银行征信为核心的大数据，形成建模标签库。搭建符合数字金融业态要求的、全面稳定的零售风险 IT 架构，为流程模块化管理提供系统支撑，为业务创新与应用研发提供动能。

（三）统一的反欺诈风控体系

全面提升全行欺诈风险管理能力，实时甄别异常开户、盗卡盗刷、刷单等欺诈风险，合理处置及稳健运营，需构建基于 AI 流计算技术且能够涵盖全渠道的企业级智能实时反欺诈体系，探索"智能化"风控技术应用，运用流计算、AI 机器学习、用户画像、知识图谱等技术支撑全方位智能反欺诈服务，满足"实时性"业务响应要求，管控"多渠道"业务欺诈

风险，实现"全方位"风险并行管理，最终达到"灵活化"欺诈风险管理的水准（见图4.7）。

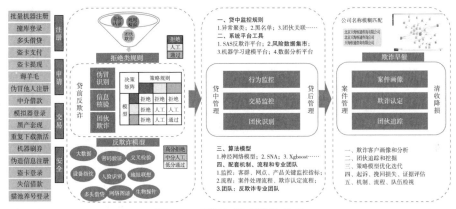

图4.7　银行智能反欺诈体系

（四）前沿机器学习技术的引入和应用

根据重要字段进行复杂网络图谱设计，通过图搜索快速发现欺诈环，识别图中异常信息、欺诈团伙和可疑申请者；通过传统的结构化数据加入文本、视频、图像、音频等非结构化数据或半结构化数据，增强欺诈风险识别能力；引入生物探针、设备指纹、声纹、虹膜图像识别技术，提升信用数字化风控数据的收集能力和实时智能风控身份识别、欺诈识别能力（见表4.1）。

表4.1　机器学习相关技术要素

大类	相关技术	技术实施要求	重要性	可行性
设备类	生物探针	移动端 App 预设埋点，采集操作行为数据	中：目前可以通过其他技术手段替代	低：好效果基于收集齐备的行为数据。需通过手机银行，设置数据采集埋点
	设备指纹	相关功能模块	高：作为判断设备唯一性的最有效技术手段，结果被大量规则和模型引用	中：目前技术成熟，应用广泛规范
	模拟器识别/刷机识别	相关功能模块	中：作为设备指纹的有效补充手段	中：和设备指纹一致

续表

大类	相关技术	技术实施要求	重要性	可行性
生物识别类	指纹	移动端设备具备相应功能	高：作为身份校验的一种技术手段，准确性高，接受程度高	中：立法要求，只可在设备本地校验，不可传输。应用受局限
	人脸	移动端设备具备相应功能；移动端 App 实现相关采集、传输和存储功能	中：接受程度高。但目前攻击手段层出，可靠性受到挑战	高：技术成熟，目前行内应用广泛
	声纹	移动端 App 实现相关采集、传输和存储功能	中：声纹技术目前主要应用于公安系统，在身份校验环节的效果较好，不易被攻击，监管部门已发布指导意见	高：通过采购并安装 SDK 的方式，在手机 App 端通过短语音注册，即可实现语音登录，身份校验等应用
	虹膜	移动端 App 实现相关采集、传输和存储功能	中：目前可以通过其他技术手段替代	低：对采集设备有较高要求（成本）
社交网络类	基于社交网络的分团模型	FNA 系统	高：反欺诈网络模型重要应用之一，极大提高团伙欺诈甄别能力及效率	高：技术相对成熟，业内应用案例较多，门槛低。行内基本框架已搭建完成
	基于知识图谱的风险传导模型	零售知识图谱	高：多维度全角度反欺诈手段的重要环节	中：目前零售知识图谱项目未落地
地址类	地址模糊匹配	DataFlux 使用技能	高：判断地址是否一致的最主要技术手段之一，结果被大量规则和模型引用	高：目前基本框架已建成，也在应用，有成熟产品可以实现界面化配置
	地址联想补全技术	成熟的地址库信息产品	高：判断地址是否一致的最主要技术手段之一，结果被大量规则和模型引用。可有效解决模糊匹配不能解决的复杂地址修复问题	高：产品成熟，应用广泛规范，引入后可迅速使用

续表

大类	相关技术	技术实施要求	重要性	可行性
OCR 类	图像识别	图像采集和图像识别技术	中：识别佩戴物、背景等，甄别团伙欺诈	中：技术相对成熟，对训练样本有要求
行为类	行为数据采集	SDK	中：需要特定场景才可发挥重要性	中：通过安装 SDK 和客户授权，或与流量 App 合作获取。可能有合规问题

三、加强中小商业银行数字化信用风控体系公共设施建设

公共设施建设是中小商业银行数字化信用风控体系构建的重要支撑和保障。它包括不断丰富的企业级大数据和强大的信贷系统等。公共设施越强大，数字化信用风控的实施效果越显著，资源的投入产出比越能持续提升。

大数据平台建设方面，要通过企业大数据建设和全行级特征变量衍生平台建设工作，实现工商、税务、征信、涉诉、舆情、环保等外部数据在信贷系统的嵌入及应用，以及外部数据实时查询、企业综合信用报告生成、对公风险漏斗模型在审批及放款流程的应用。

信贷管理系统建设方面，要加快构建平台化、模块化、组件化、移动化四位一体的风险管理线上化平台，覆盖获客、立项、授信、签约、放款、贷后、催收、保全等信贷全生命周期功能体系，实现前台信贷产品与业务中台的服务化解耦。

四、中小商业银行构建数字化信用风控体系的实践案例

通过数字化信用风险管理体系多年的探索，中小商业银行在信贷业务线上化、数字化、智能化方面取得较好的成果。以下是中部地区 Z 银行数字化信用风控体系的实践成效。

一是通过大数据精准识别、额度分层管理等手段，提升了下沉客户的产品服务覆盖率和可获得性。例如，Z 银行在 2022 年通过数据治理和模型优化，主要线上产品的客群覆盖率提升了 16 个百分点，模型自动通过率由原来的 33% 提升到 49%（见图 4.8）。

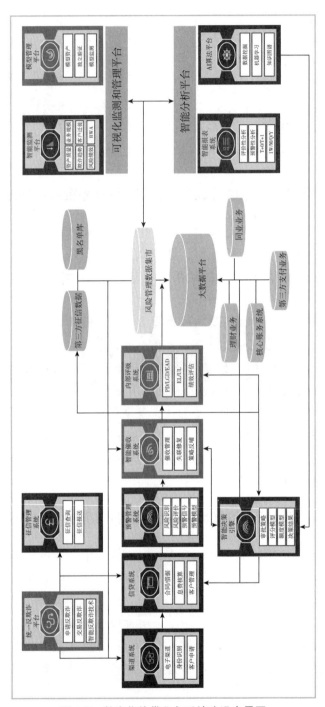

图 4.8　数字化信贷业务系统建设全景图

二是通过数字化信用风险管理体系，丰富了产品体系，扩大了业务规模。截至 2022 年末，Z 银行通过数字化信用风险管理体系支撑的线上化贷款规模近 2000 亿元，年度线上化贷款余额增加了近 300 亿元，其中支持实体经济和乡村振兴的普惠小微类、涉农类线上化贷款业务近 40 亿元；支持一证即贷、秒批秒贷的小额纯信用消费类贷款产品（含信用卡）达 250 亿元；支持最快 1 天放款，自动对接房管局的房屋抵押大额类贷款产品超过 500 亿元。

三是通过持续的线上化、智能化运营支持，有效提升了信贷业务的服务效率，降低了成本。2022 年，Z 银行线上贷款业务申请量超过 200 万件，自动化审批率达到 88.28%，显著高于传统银行 42%~57% 的平均水平，是数字化信用风控建设前的 4.34 倍，审批通过率达到 38.74%，其中房屋抵押类贷款产品审批通过率达 75%~83%，高出市场同类产品 8~10 个百分点，高自动审批率带来的是线下审批时效的提升和人工审查成本的降低。据不完全统计，全行通过数字化信用风控体系建设节约了 35%~43% 的线上审批人员。

四是质量管控表现优异。面对当前经济三期叠加、疫情反复冲击、行业风险不断暴露的现实压力，Z 银行在建设数字化信用风控体系的过程中，精准定位目标客群，严管客户准入，积极经营存量客户，多手段齐抓贷后管理，牢牢守住线上化贷款资产质量的生命线，当前线上化贷款业务的不良贷款率为 1.23%，不良率水平显著低于全行业不良贷款率水平。

风险管理体系建设之路任重道远，需要持续优化风险数据治理、风险模型建设与管理、反欺诈体系，培养数智风控专业人才，加强数智风控队伍建设，优化风险管理体系、流程及制度，完善风险管理的方法、工具和逻辑，建立融合战略、业务、组织、技术的线上化、数字化、智能化闭环管理风控体系，为内外部客户提供效率最高、体验最佳的服务。

第五章
中小商业银行的数字化转型故事

中小商业银行是中国商业银行体系的重要组成部分，主要包括城市商业银行、农村商业银行、民营银行。据统计，截至 2022 年末，全国城市商业银行机构总数为 125 家，总资产为 498827 亿元，占金融机构资产总额的 13.4%，负债总额为 461660 亿元，占金融机构负债总额的 13.5%；农商银行机构有 3821 家，总资产为 500104 亿元，占金融机构资产总额的 13.4%，负债总额为 463932 亿元，占金融机构负债总额的 13.6%；民营银行有 19 家，截至 2021 年底，资产总额为 16384 亿元。从上述数据看，包括城市商业银行、农村商业银行、民营银行在内的中小商业银行已经成为中国金融业的重要力量，在服务小微、服务"三农"、支持区域经济发展等方面发挥了重要的作用。

为适应客户需求的变化和金融市场竞争的形势，中小商业银行根据自身的特点，纷纷启动数字化转型，推动银行服务从传统银行向线上化、数字化、智能化转变，其间有许多对银行同业推进数字化转型有启发意义的转型故事。笔者通过六个故事，介绍中小银行在数字化创新和组织敏捷转型中的持续探索和生动实践，从中可以感受到中小银行数字化转型的工作逻辑。

故事一：一个顺应未来的战略规划

战略决定一家银行的方向和高度，各家银行都高度重视战略的制定。Z 银行自成立之初便提出了"科技立行、科技兴行"的发展理念，探索利用金融科技创新服务模式，提升综合服务能力。多年来，该银行一直秉承该理念，致力于打造适应未来的"科技银行、数据银行"。

该银行的探索数字化转型的动力源于数字化在中国的发展速度和影响力。以下是两组体现数字经济价值的数据。

一是中国信通院于 2022 年 7 月发布的《中国数字经济发展白皮书（2022 年）》指出，2012 年以来，我国数字经济年均增速高达 15.9%，显著高于同期 GDP 平均增速；在宽带中国、5G 及工业互联网推动下，2021 年，我国数字经济规模达到 45.5 万亿元，同比名义增长 16.2%。

二是中国互联网络信息中心（CNNIC）发布的第 49 次《中国互联网络发展状况统计报告》显示，截至 2021 年末，我国网民规模达 10.32 亿，互联网普及率达 73.0%；网民人均每周上网时长达到 28.5 个小时，互联网深度融入人民日常生活；手机是上网的最主要设备，网民使用手机上网的比例达99.7%；在网民中，即时通信、网络视频、短视频用户规模分别为10.07亿、9.75亿和9.34亿，网上外卖、网约车的用户规模已达5.44亿和4.53亿，而在线办公、在线医疗等应用保持较快增长，用户规模增长至4.69亿和2.98亿，成为用户规模增长最快的两类应用。

这两组数据反映了中国人在社交、娱乐、购物、餐饮、出行乃至办公和医疗等方面，都高度依赖互联网特别是移动互联网。这也意味着银行业面临的竞争格局发生了极大的改变。一是银行线下渠道客户越来越少；二是客户行为逐步变迁，线上支付、二维码支付成为消费支付的主要方式；三是领先银行早已布局数字化转型，加快融入数字经济。这些变化都导致银行必须作出改变。

该银行较早认识到数字化的变化将改变银行业的竞争生态和服务模式，成立之初就积极布局线上金融，探索金融科技应用，这为该银行适应数字经济时代发展趋势、应对利率市场化加速及客户线上服务需求增加等因素变化提供了支持，也为推动数字化转型、创造发展新模式打下了良好基础。该银行于2018年初正式启动数字化转型工作。2018年4月，该银行组织团队赴荷兰ING集团观摩学习，深刻感受到数字科技已成为先进银行的发展驱动力。

ING是全球排名第11位的资产管理公司，由荷兰最大的保险公司和荷兰最大的邮政银行合并而成，有150多年的历史。为了全面适应数字化浪潮，2015年，ING踏上了敏捷转型之旅，推动集团总部由传统的部门制向谷歌、奈飞和Spotify等互联网公司的"部落和小组"敏捷组织模式转变，并要求所有员工成为"流动人群"，每个员工需要在新组织中重新申请岗位，经过组织和个人的双向选择，总部3500人被压缩至2500人，重新组合成13个部落300多个小组。通过彻底的组织转型和文化重塑，ING工作效率大幅提高，应用系统开发效率从一年数个版本提高到每2~3周一个版本，员工的工作参与度和积极性显著提高，全渠道、数字化的客户服务体验和服务效率大幅提升（见图5.1）。

图 5.1　Z 银行高管团队参观 ING 总部

　　以 ING 银行为代表，花旗、摩根大通、星展银行等国际先进同业在数字化转型的道路上走在前列，它们的成功具有极强的启示意义：数字已经成为银行业务发展的核心驱动力，科技为创新发展提供了坚实支撑，而银行整体业务架构、技术架构和组织架构也围绕数字能力建设发生显著变化。

　　与此同时，从我国银行发展历程来看，科技始终是支撑银行发展的核心要素，现代银行历史就是一部科技发展史。中国银行业在国内互联网金融公司迅猛发展的背景下，积极应对金融脱媒，不断尝试转型发展，尤其领先银行更是积极行动，明确转型方向和策略，通过优化组织架构、推进技术部署等，持续强化数字能力建设，实现了客户数量的有效增长和盈利水平的持续提升。它们或是基于综合实力和规模优势，迅速启动全面转型，加大金融科技投入，如建设银行、工商银行；或是充分利用自身特色，集中力量，以点带面，成为细分行业的领跑者，如招商银行、平安银行；或是天生带有互联网基因，聚焦长尾客群，探索蓝海市场，成为全球数字银行的佼佼者，如网商银行、微众银行。

在具体的实践中，一方面，该银行高管层带领转型团队综合分析数字化发展趋势，借鉴先进银行的最佳实践，并结合中国银行业及自身实际情况，明确了"一横四纵一基石"的整体转型架构；另一方面，为更好地实施转型工作，采取了"三步走"的战略实施路径。

一、"一横四纵一基石"的整体架构

"一横"：项目群的精益管理，可确保转型项目群各项目成功落地的整体协调和统筹安排。总行成立战略转型办公室，协调推进转型项目的落地。

"四纵"：包括敏捷组织、大数据应用、"双速 IT"、科技生态建设。

数字化转型以敏捷组织作为切入点，打造端到端、跨职能的实体团队，为转型提供组织保障，并通过组织中人员组成、职责、考核、授权的变化，迅速适应市场需求的变化，并以零售条线作为敏捷组织转型的试点，实现零售条线的整体敏捷并在转型推动过程中实现组织和管理模式的持续迭代优化。

"双速 IT"通过科技架构转型，为数字化提供科技基础设施和科技能力支撑。一方面，通过 IT 与业务融合，共同开发、测试、交付，构建起以分布式架构、微服务开发为主，能够快速应对市场需求变化的科技体系架构；另一方面，对于银行日常运营管理中涉及客户信息、账户信息、交易信息等需要安全稳健运行的系统，通过精益化管理传统项目，可以在保证安全和稳健运营的前提下，持续提升科技系统的支撑能力。

大数据应用是数字化转型的核心与驱动力。在敏捷转型和技术变化的过程中，通过加强数据采集，建立完备的大数据标签体系，打造标准化的数据治理流程，提升数据加工能力。同时，运用机器学习、人工智能等技术，建立数据中台和数据应用平台，用于营销、管理、风控，提升数字应用能力，实现将数据作为一种要素进行配置和使用，提升经营效益和管理效率。

科技生态建设，通过开放、共享的思维，构建科技生态，打造未来银行的商业模式。一方面，通过数字化转型，不断提升经营管理效率；另一方面，通过场景融合，逐步建立满足客户需求的非金融生态，形成对客户的高黏度吸引。

"一基石"：围绕转型，人力、计财、运营、风险、合规等职能部门均实现转变，建立以客户为中心的敏捷文化。银行业务的管理，除了适应客户的需求外，同时需要具有适应监管需求和风险管理要求的资产负债管理、监管合规管理、风险管理。如何在快速响应、满足客户需求的同时，又能够有效控制风险、符合监管、提升管理效率，需要人力、计财、资债、风险及其他管理部门，改变原有的管理方式，通过管理前置、流程跟踪、参与设计、提供工具等方式，使前中后台整体形成共振，更好地满足客户需求，有效支撑数字化转型。

二、"三步走"战略实施路径

在战略规划蓝图清晰的情况下，为实现数字化转型目标，Z银行采用"三步走"的战略实施路径，有序推动整个转型工作。

第一步：以敏捷组织转型为切入点，构建数字化应用能力，推动客群经营、产品创设、渠道管理、IT和数据设施的转变，通过大数据用例的试点，推动人员数字化意识的提升，培养大数据人才队伍，探索建立适应敏捷组织下的体制机制，从而为后续的转型奠定基础。2019年7月，Z银行基本完成该阶段工作，在零售条线设立了七大敏捷部落，部落内根据业务需要组建近40个敏捷小组。

第二步：提升数字化应用能力，包括建设规模化大数据用例应用能力、提升数字化产品创设能力、建立总分支行联动的数字化营销体系。2020年9月，该银行基本完成数字化应用阶段性目标，推广数据用例35个，打造产品创新三大赛道，推动"三轨制"总分支行联动营销体系在分支行落地。

第三步：深化数字化应用能力，探索从运营效率提升到商业模式创新。一方面，通过大数据技术及相关金融新技术应用，如区块链、AI等技术应用，实现运营效率质的提升；另一方面，通过场景和开放平台建设积累能力，构建业务生态，打造开放银行，促进银行商业模式的创新。当前，该银行已与37家同业伙伴开展联合创新合作，合作银行管理资产规模超过400亿元；同时，设立金融创新部，力争让创新成为全行发展新引擎。

可以说，数字化转型是对银行系统性的重新定义，包括组织架构、业务流程、业务模式、IT系统、人员能力等方方面面的变革，作为一项长期系统性工程，转型并非某一个部门的责任，也非技术手段应用的浅尝辄止，需要战略上的高瞻远瞩、推进时的抱团聚力、破局时的果敢、立局时的坚韧，因此高层领导只有做到对转型的持续重视与坚定支持，将转型工作作为全行的重要战略，强力推动，才能实现转型的有效落地。

故事二：一个用脚跑出来的产品

创设出真正满足客户需求、被市场高度认可的优质产品，既是银行经营客户与发展业务的重要抓手，也是数字化转型的主要目标之一。

对于银行如何创设产品，下面通过一个故事让大家更直观地了解。

一、"与客共创"理念催生"聚商"产品

置身商贸大省，支付业务竞争早已白热化，如何在红海中"杀出重围"，找到市场认可的产品亮点，成为 Z 银行聚商小组创新的关键。其对产品创设提出自己的理念——"与客共创"，改变银行依据传统经验创设产品的做法，让客户成为产品创设的参与者。

小微商户具有分布广、数量多、交易小额高频、贴近民生等特点，但由于单店规模较小，除了支付结算之外，其他需求很少被银行关注。许多银行营销人员对小微商户的印象是"要最低的贷款利率、要最高的存款利率、要最低的手续费、要最快的到账时间"，认为小微商户不仅不能较快带来大的业务增长，要求还很多。而聚商小组通过历时 3 个多月，对 1000 多个区域本地商户进行一对一调研，得出的小微商户标签是"初中学历占比高、县域需求旺盛、会付费购买经营软件、手工记账、喜爱抖音和快手、大多使用千元入门机"。通过与商户的深入交流，聚商小组对小微商户有了全新的认识，并决定从解决小微商户更多痛点入手，打造一款真正服务小店经营的产品。

目标确定后，聚商小组员工还分析发现小微商户普遍存在管理无序、订单错杂、数据混乱等问题，且缺乏线上销售、数据运营的手段，难以有效提升经营业绩；同时在调研中，还看到本地很多小微商户由于文化程度不高、员工稳定性差，虽然渴望接触新零售，但除了付给互联网平台高额的抽成外，没有办法靠自己形成线上销路，这些问题都促使聚商小组想要打造出一款让本地小微商户能够享受到先进地区城市商户服务的优质产品。通过对商户的走访调研及员工间的交流碰撞，聚商小组分析出 227 个创设功能点，并最终根据与商户的探讨，确定了"简易商户经营软件+线上小程序

店铺+线下聚合支付码"的服务提供形式。

2019年3月，以支付结算业务为基础，打通小微商户线上线下销售渠道、提供简单易用的营销工具、展示商户销售数据的"聚商"产品应运而生。"聚商"是一款以商户为中心的"经营+金融"综合服务平台，帮助解决商户经营管理难、销售难、数据统计难、推广运营难等痛点，为商户提供交易资金结算、便捷经营管理和金融综合服务。商户线上开店流程简单，3分钟即可实现商家全线上化、一站式入驻；简易进销存功能帮助商家管理库存商品，摆脱纸质记账困扰，库存预警功能可随时提醒商家商品短缺信息；交易报表可以协助商家分析客户的交易数据，了解商品销售和利润情况；线下收款支持微信、支付宝、信用卡等多种支付场景需求，为商户提供了便捷的收款服务。

"聚商"一经推出，就受到本地小微商户的认可，成为热销产品。但聚商小组并没有停下脚步，继续调研商户的使用感受，多渠道收集相关反馈，并对聚商平台的功能与体验进行优化完善。同时，其还将目光投向如何更好地服务已注册用户，使之真正成为该银行的忠实客户。

为了提高新商户拓展效率、强化存量商户经营维护、提高聚商商户活跃度和综合贡献度，聚商小组逐步搭建起围绕活动运营、内容运营和产品运营的线上化运营体系，并通过客户标签标注、数据贴标和数据分析，实现数据驱动业务发展。一是策划线上活动提升用户活跃度。聚焦新客激活、老客促活、金融产品交叉销售三个核心目标，持续开展针对B端商户的线上化运营活动，基于用户价值和活跃度对聚商商户进行分层，制定差异化的运营策略，同时对线上活动、推广渠道和商户权益进行资源整合，不断完善运营体系，提高聚商商户使用率。二是内容运营增强用户黏性。一方面，不断加强聚商私域流量的运营，总行协同分行共同经营维护聚商商户交流群，挖掘并培养了一批使用线上功能的种子商户。整合线上推广渠道，通过微信公众号推文、朋友圈海报等提高对商户的宣传触达。另一方面，在聚商App中整合了店铺经营相关短视频、聚商亮点功能详解和商户常见问答汇总等内容，有效帮助了商户提升经营能力。三是产品运营改善用户体验。聚商App端内运营逐步规范化，不断梳理、优化App资源位，新增PUSH结合线上活动和短视频内容模块定向推送，且注重数据标签标注和跟进分析，通过用户行为数据找出产品可优化的细节，持续改善用户体验。截至2021年末，根据用户反馈和市场变化，"聚商"更新迭代150

余次；服务 33 万本土小微商户，日结算资金达 3.1 亿元，累计交易金额为 675 亿元，留存 AUM 资产 194 亿元，沉淀储蓄存款 116 亿元，有效服务了本省小微商户的业务经营。

二、"聚商快贷"的诞生

新冠肺炎疫情对中小企业的生产经营产生巨大的冲击，各地都将助力中小企业复工复产作为金融服务的重点工作。Z 银行积极响应政府号召，为了做好复工复产阶段对小微企业的服务工作，提高对小微企业的融资效率、降低融资成本，组成攻坚小组，以"聚商"平台为依托，仅用时 2 天即开发上线了一款无抵押、纯信用的线上贷款产品——"聚商快贷"。产品上线后，联合攻坚小组对商户使用情况进行了调研，同时通过大数据监控发现聚商快贷总转化率极低，客户漏损情况主要集中于上传身份证环节。为了更好地服务商户，根据反馈情况，经过迭代优化，新版聚商快贷在推出 4 个月后进行 API 接口上线，也成为聚商平台首款 API 对接的金融产品。优化后的聚商快贷用"身份证资料返显确认形式"取代"身份证资料上传形式"，优化了商户申请路径，快贷总转化率由 12% 提高至 48%，身份证信息核验环节的转化率由 32.3% 提升至 76.5%，大大地提升了商户体验度。截至 2021 年末，"聚商快贷"申请量达 7.3 万人，审批通过 2.48 万人，授信金额为 15.34 亿元，为小微商户纾困发挥积极作用。可以说，"聚商"的创意、功能、优化点均来自实际商户，生在市场、长在市场给予了银行服务好商户的底气。

三、中小商业银行产品创设的思路与实践

如何创设产品，如何高效创设产品，如何创设客户需要的产品？这些对中小商业银行而言是非常重要的问题。受制于理念、人才、组织模式、专业能力、技术能力等方面，中小商业银行多数是市场上产品创新的跟随者，甚至更多的时候是抄袭市面上的新产品，由于客户基础差异，以及对产品整体思路认识的差异，很多产品在市场上不能很好地满足客户的需求，缺乏竞争力，因此，明确产品创设的思路尤为重要。总结 Z 银行在数字化转型过程中产品创新的做法，有以下几个关键点。

（一）转变产品创新理念

一是树立"以客户为中心"的创设理念，将关注重点从产品转向客户，从重视如何吸引新客户转向切实为客户提供更契合日常使用场景的服务。二是树立数据驱动的理念，如"聚商快贷"就是通过对商户规模、交易数据、交易特征等数据信息的常态化分析研究，不断优化产品功能，建立与商户的紧密共生关系。三是树立互联网思维，参考先进银行及支付公司产品，并积极结合本土特色，深入研究重点功能逻辑，向简约极致方向快速创新和迭代服务，不断提升客户体验。四是树立价值思维，如聚商产品就是通过小微商户场景建设，充分思考银行的产品和工具能为商户创造什么样的价值、带来什么便利，并通过多样化产品和服务，为商户提供更大价值。

（二）提升数字化产品创设能力

银行必须将大数据思维运用在产品创设全流程，积极洞察客户需求，精准定位市场创新点，快速实现创意落地，及时迭代优化产品，促进自身在产品同质化竞争中保持活力。

1. 运用数据化工具和数据思维，精准定位客户需求

第一，产品创设团队通过问卷调查、用户访谈等调研工具，获取和分析客户偏好数据，定位客户实际需求。第二，做好产品线上埋点，通过大数据分析团队解析市场数据、客户行为数据、交易数据等，洞察和挖掘客户的堵点、痛点和痒点。第三，借助 MVP（Minimum Viable Product，最小可行性产品）投放快速上线验证，并及时收集客户反馈，进一步优化产品，如聚商小组在进行商户调研时就多次采用了这种方式。

2. 明确产品三大创设赛道，鼓励创新点子落地

第一，通过精益敏捷的方式，做好现有产品客户旅程的优化迭代，建立客户体验度量体系，提升客户体验。先进银行对现有产品，多使用该方式迭代优化，并及时进行客户体验度量，保障客户优质体验感。如 2020 年 6 月 Z 银行上线"知心"数字化负债类产品平台，通过对细分客群特征进行研究，智能分析各类客群所需的金融产品价格、期限等偏好，灵活设置相应的产品，并统一推送至手机银行、微信银行、聚商 App 等线上渠道，实现客户的专属、精准触达，真正达到"千人千面千款"产品的效果。第

二，进行以主账户为主的产品交叉销售的组合创新，提升客户黏性，如中信银行开薪易、中原银行开薪宝均属于此类产品。以中原银行开薪宝为例，其以代发工资为切入点，打造借记账户、理财及贷款的组合，通过综合经营客户，使客户的主账户留在该行，带来综合收益的提升，也增加了客户黏度。第三，通过举办内外部创新大赛等方式，进行新产品的孵化运营，进一步探索新的业务增长点。

3. 强化产品全生命周期管理，确保持续的创新活力

通过绘制产品图谱，制定基于全行经营及客群增长目标的年度产品战略，打造产品货架管理平台，设置合理的产品上架标准与分层审批流程，建立产品、渠道和客群的定期检视机制，开展产品后评估工作，明确基于客群需求的产品解决方案（策略调整或产品下架），打造产品全生命周期的闭环管理。

故事三：一个有情怀的场景平台

在信息和数字科技的驱动下，整体经济向生态化转型，行业边界日渐模糊，跨界整合力度加强，构建了新的商业模式，用户在场景平台中获取服务成为主流。因此，在数字化转型过程中，强化场景平台建设，充分发挥平台的聚集效应，增强获客及黏客能力也是必不可少的一环。

"乡村在线"平台是 Z 银行在推进"下乡战略"、布设惠农服务点、延伸金融服务触角的过程中，通过和乡村干部以及老百姓多次沟通产生的一个立足于农村基层治理与生产生活场景的综合金融服务产品。

一、"乡村在线"的诞生

乡村振兴是国家战略，也是中小商业银行金融服务的重点领域。Z 银行将服务乡村振兴作为战略重点，把县域支行、乡镇支行、惠农服务点（站）作为承载金融服务的重要载体。2019 年夏天，在一次对惠农服务点的例行走访中，该行的惠农业务工作人员偶然间得知，南阴村杨书记每年都为村民缴纳社保的事情发愁。一方面，村里很多人常年在外务工，村委不能第一时间通知到人；另一方面，南阴村有不少老年人不知道通过什么渠道可以缴纳社保。而且最难解决的是，即便村民们缴纳了社保，村委也不能及

时了解到哪些村民缴了、哪些村民没缴。从每年 7 月到 8 月南阴村集中缴纳社会医疗保险，再到每年 9 月、10 月、11 月集中缴纳社会养老保险，统计、督促村民们缴纳社保的工作漫长而烦琐，这让村委干部着实头疼。随后，在惠农业务片区座谈会上，惠农业务工作人员就这个问题与不同地区的惠农点经理进行交流，发现本省农村地区普遍存在这个问题。

2019 年 8 月，Z 银行组织专项小组启动针对乡村生活痛点的调研，走访近 200 余个村落，通过与千余名村干部与村民的沟通交流，发现本省农村智能机普及率超过 80%，线上化生活与交流习惯已经形成，但是乡村治理方式相对传统和落后，在本省 4.6 万个行政村中，使用线上化的村务管理工具的不足 1%，烦琐的村务工作只能通过线下的方式进行，村干部工作辛苦且效率低，村民满意度低。针对这种现状，2020 年 3 月，Z 银行立项启动了"乡村在线"项目，通过两个月的上线试运行，最终于 2020 年 9 月 25 日正式上线，从立项到正式上线用时不到半年。

杨书记多年的"头疼事儿"终于得到了解决。"乡村在线"平台不仅可为村民们提供手机端缴纳社保功能，还为村干部提供了电脑端批量查询功能。村委将南阴村村民信息导入"乡村在线"后台管理系统，可直接查看村民们的社保缴纳情况，哪些村民缴了，哪些村民没缴，一目了然。除此之外，"乡村在线"的"一村一群"功能，也发挥了不小的作用，村委无须单独建群，就可以在"乡村在线"的南阴村村群中，及时通知未缴纳社保的村民。在 2020 年社保收缴工作中，南阴村村委仅用两周时间便完成了 1260 个村民所有社保收缴工作，有效解决了村民"缴难"、村委"收难"的问题，大大提高了线上村务办公效率。

社保收缴，只是"乡村在线"众多功能的冰山一角，这也是 Z 银行服务乡村的一个缩影。

二、"乡村在线"的功能与价值

（一）"乡村在线"的核心功能

"乡村在线"是一个涵盖农村党建、村务、生活、社交、电商、金融六大功能板块的综合服务管理平台。党建板块包括党建资讯、党建日报、党员培训、党员档案等功能，着力打造集党员教育现代化、党务管理精确化、党组织活动网络化于一体的"互联网+党建"新模式，把组织建在网上、党员连在线上，推动党建工作线上线下相互融合。村务板块包括村务公示、通知公告、支农惠农、村民意见箱等功能，通过信息技术手段为乡村管理赋能，激发广大村民群众深度参与基层治理，提升基层社会治理的社会化、法治化、智能化、专业化水平。便民服务板块包括在线医疗、在线教育、便民资讯、生活缴费等功能，通过提供多样化的服务，满足村民生产、生活、社交等需求，搭建农村综合化生活服务平台。社交板块包括聊天、乡情圈、乡村简介等功能，建立农村线上化沟通交流渠道，比如通过"一村一群"的建设，为村民交流分享提供有效媒介，实现信息无障碍交流。电商板块通过优惠购商城，为农村打造消费品、农资下乡和农产品进城"上下双向通道"：一是农产品"借网上行"，让农民群体切实受益，充分激发乡村内在的"发展潜能"；二是拓宽拓深消费品、农资下沉渠道，将优质服务带到农村市场。金融板块包括周边服务网点定位、导航，金融产品在线申请、办理、查询功能，努力为农村客户提供多功能、广覆盖、普惠制的金融服务。美丽乡村板块包括乡村风光、游在乡村、食在乡村、游子吟等功能，发现乡村之美，发展乡村旅游，推介乡土特产，品鉴乡村美食，传承乡土文化，抒写乡情乡愁，宣传美丽乡村。

在这个平台上，乡镇政府、村委可以通过党的生活、乡镇办公室等功能模块，解决农村管理难的痛点，提升基层办事效率。村民可通过办事大厅、便民服务、咱村那些事、优惠购商城，满足村民生产、生活、社交等需求。每位农村居民还可在这里建立数字化个人档案，通过用户画像，获得金融机构差异化、精准化、深度化和可持续化的普惠金融服务。同时，还有农产品上行及渠道追溯、线上医疗增值服务、务工信息发布与咨询、快递查询等功能，为村民提供生活社交、农技学堂、法律咨询等便民服务。平台的搭建，有利于乡村数字治理体系进一步完善，也为该行服务乡村振兴战略、推动农业农村高质量发展提供有力支撑。

同时，在该银行科技实力和转型优势的支撑下，"乡村在线"平台可以根据乡村干部、村民的使用反馈，持续丰富和完善各项功能，不断迭代升级，为最终实现"党建在线""管理在线""村民在线""服务在线"打牢了基础。比如，2020年11月，平台开发上线农技学堂、务工信息发布及查询等功能，在全行"整县推进"试点工作中，与某县政府率先达成合作共识，进行定制化服务输出。

（二）"乡村在线"的价值

对地方政府及村干部来说，"乡村在线"是一个乡村线上化治理的政务平台，有利于高效地完成各种工作。对于村民来说，"乡村在线"可以提高村民对村务治理的参与度，提升村民办事的便利性，同时作为农村线上大集市，极大地满足村民生活和社交需求。对银行等金融机构来说，"乡村在线"借助"村两委"力量打造良好的信用环境，提供获客渠道和服务平台，实现线上金融与非金融服务的下沉，银行成为整合各方需求的关键节点。截至 2022 年末，"乡村在线"注册用户达 232.3 万户，服务了全省 18 个地市 2.23 万个行政村、1.26 万个村干部和 230 多万户村民。

三、中小商业银行发展场景平台金融的思路与探索

"乡村在线"是 Z 银行致力于商业模式创新、打造"场景银行"的拳头产品。除了这个产品之外，该银行还依托大数据，围绕大市场、大客群、大需求，主动搭建满足客户非金融需求的高频场景，为客户提供"金融+非金融"的定制化服务，在城市区域累计搭建聚商、智慧校园、吃货地图、智慧社区四大场景，通过将客户带入场景，让客户在场景中活跃，满足客户的金融和非金融需求，提高客户服务水平。截至 2021 年末，聚商入驻商户突破 33 万户，累计交易金额 675 亿元；智慧校园入驻教辅、学校机构共计 5686 家，平台注册用户达到 346.6 万户；吃货地图打造本地生活服务平台，汇聚全省品质餐饮美食，开设消费扶贫特色馆，助力农产品上行，注册用户达到 147 万户，活跃餐饮商户达到 9373 户，线上销售笔数达 110.1 万笔，线上销售金额达 5506.5 万元；智慧社区上线物业公司 568 个，上线社区 1281 个，服务注册用户 449.2 万人，完成缴费笔数达到 212.4 万笔，金额达到 7.33 亿元。

中小商业银行均通过构建场景，为客户提供服务，在推进场景金融建设发展过程中，积累了丰富的发展经验，夯实了建设"场景银行"的基础，也为商业模式创新指出了明确方向。

一是围绕客户的高频行为积极构建场景，使银行的产品、服务和客户的日常生活行为有机结合，提升客户在场景中的黏度。

二是通过场景对 B 端客户赋能。第一，提升 B 端客户管理能力，让客户了解其资金流、信息流、物流等信息；第二，提升 B 端客户市场认知能

力，通过智能订单、个性化订单实施，促进其市场认知能力提高；第三，提升供应链或生产链的整合能力，使上下游形成一个生态；第四，通过场景构建，建立 B2B2C 模式，使银行的客户也能更好地适应其客户的需求。

三是强化平台合作，服务内容实现"金融+生活"的高度融合。通过与衣、食、住、行、医等平台对接，嵌入银行产品和服务，及时捕捉个人客户行为变化趋势，提高对生态圈各参与方的价值赋能水平，进而帮助银行从场景触达更多客户和获取海量的用户数据，提升生态获客能力。

故事四：一个彰显技术范儿的工具体系

数字化转型是一个系统工程。在数字化转型过程中，中小商业银行会遇到很多挑战，首当其冲的就是科技支撑能力的不足，一般都存在交付速度慢、系统耦合严重、自动化程度低等问题，无法满足客户快速变化的需求和数字化转型需要。面对这样的难题怎么办？Z 银行的科技队伍没有退缩，持续探索建立先进的平台架构体系，全力支撑全行的转型创新。

一、云原生体系的诞生

2018 年，Z 银行开始着手推进数字化转型工作，科技条线作为转型的中坚力量，迅速成立了云原生技术攻关小组并启动前期调研工作，以互联网头部公司及国有大行为标杆，结合自身技术能力，逐步勾勒出了具有自身特色的云原生体系架构设计蓝图。

最初设计阶段，以打造"拥有自主知识产权的云原生体系"为目标，依托全行 IT 转型规划，分别从 IaaS（基础设施即服务）、PaaS（平台即服务）、SaaS（软件即服务）三层完成了对系统架构的整体设计。同时，信息技术部多名员工都主动请缨，要加入云原生项目开发小组，担负起设计、开发工作，希望将心中昂扬奋斗的热情投入这份极具挑战的新项目中。

本着"平台转型逐步过渡""先基础后业务"的原则，Z 银行于 2018年 10 月率先启动了微服务平台开发，在随后两年左右的时间里，在近百名团队开发人员的通力合作下，以业界领先技术为标准，以高质量服务全行业务发展为宗旨，于 2019 年 3 月、2019 年 12 月、2020 年 1 月和 2020 年 9 月分别上线了微服务、容器、DevOps 和 Service Mesh 四个子平台，至此，Z 银行构建起了拥有完全自主知识产权的云原生体系。在顺利完成生产验证的那一刻，陪伴项目团队辛勤工作 700 多个日日夜夜的项目经理（Z 银行信息技术部的一名老员工）露出了久违的灿烂笑容。

二、云原生体系的功能定位

金融级云原生体系的诞生是数字化转型推动与科技团队共同努力的结果，它将加速 Z 银行 IT 架构转型进程。总体来讲，在功能定位方面，云原生体系的建设结合领域驱动设计（DDD）和敏捷开发实践（Scrum）等方法，解耦业务功能模块以实现敏捷小组独立快速开发，加快分布式架构转型以有效提升信息系统的弹性、稳定性和扩展性，最终夯实研发交付效能，快速响应市场需求。

一是微服务平台。统一微服务的应用架构、通信标准、参数配置、监控告警等功能，实现了微服务应用建设的全生命周期管理，为传统集中式单体应用解耦为分布式、微服务架构提供了基础平台支撑。

二是容器云平台。利用 Kubernetes 和 Docker 技术，构建容器云平台 PaaS 服务能力，实现业务的弹性伸缩与应用的标准化交付，通过容器镜像封装技术，将应用上线时的部署和配置工作提前到开发测试阶段，有效提升了应用部署配置效率。

三是 DevOps 平台。通过敏捷精益项目管理和技术工程实践的高效结合，利用 CI/CD 技术，支撑项目开发全流程、自动化交付，助推持续、快速、高质量地创造业务价值。

四是 Service Mesh 平台。将基础的服务治理能力从业务应用中进行剥离，实现了技术平台与业务应用的解耦，以及异构系统的统一治理。

三、云原生体系的运行成效

随着标准化云原生体系各子平台的稳定运行，全体系已经上线了 124 个微服务应用，网关日均请求量超过 2000 万次，DevOps 平台覆盖全行研发人员已超过 2000 人。系统上线后，开发人员最关注的莫过于系统运行的性能指标，整体来看，体系的需求吞吐量较上线前提升了 59.3%，需求交付周期缩短了 3.7%，生产问题密度降低了 32.5%，生产问题修复时长缩短了 36.9%，体系上线后的各项指标均比架构转型前实现了质的飞跃。

如果说云原生体系的建设是开发人员奋斗的结果，那么基于云原生架构进行多样化业务开发的工作则是数字化转型成果的典型运用。其中，基于云原生体系建设数字化信贷管理系统是云原生架构的典型应用案例。

转型以来，该行采用传统技术架构的信贷管理系统已运行多年，无论是系统运行指标还是服务交付能力都已无法满足日益增长的多元化业务需求，基于云原生技术的新一代信贷系统建设被提上日程。伴随着微服务平台的开发，基于微服务架构的新一代信贷系统的研发工作也有条不紊地同步推进，它的"新"主要体现在以下四个方面。

一是架构新。基于微服务架构与领域驱动设计（Domain－Driven Design，DDD）方法，设计了技术平台层、原子服务层、业务聚合层、管理门户层四层架构，逐步形成了以中台有力支撑前台、前台快速构建产品、产品快速适应市场的科技创新支撑能力。

二是理念新。通过容器云平台的弹性伸缩、灵活扩展与自动化能力，实现业务系统按需秒级动态伸缩，有效提升系统资源使用效率，降低科技运营成本。

三是管理新。借助容器云、微服务平台、DevOps 平台的深度集成，研发交付全流程基本实现自动化，方便研发人员完成一站式研发和运维工作。

四是模式新。充分利用移动办公、规则引擎、风险模型、OCR 等技术手段，实现了授信业务的线上化和智能化服务。

秉持数字化思维，该银行积极顺应业务和技术发展趋势，不断推进技术与业务的融合共进，高度关注信贷客户全生命周期管理和用户体验，项目组采用"小步快跑"的敏捷开发模式，经过 15 个月的艰辛努力，实现了创新性强、管理系统多、复杂度高的新一代信贷系统的顺利投产，目前系统已上线零贷产品 92 个、公司信贷产品 100 余个，加快了全行风险管理向数字化、智能化迈进的步伐。

四、云原生体系获得业界认可

得益于技术的先进性和高效的运行效能，Z 银行云原生体系和业务应用得到了业界的广泛好评。Z 银行 DevOps 平台于 2020 年 9 月顺利通过中国信通院 DevOps 成熟度工具首批"优秀级"评估。在 2020 年 11 月举办的

"2020 年中国技术力量年度榜单"评选中，该银行新一代信贷系统荣获 In-foQ "十大云原生行业落地典范"，获此奖项的还有阿里巴巴、华为、腾讯、百度等知名科技公司，该银行是唯一一获奖的金融机构。云缴费和企业手机银行两个项目团队于 2020 年 12 月顺利通过工业和信息化部 DevOps 成熟度持续交付 3 级评估。以上荣誉的获得，充分证明了该银行云原生体系的技术水平和业务研发能力达到了业界领先水平。

五、中小银行数字化转型中的科技实践经验

中小商业银行都在不断探索数字化转型中科技发展的方向和支撑业务转型的科技发展模式。Z 银行云原生体系只是在数字化转型时科技领域建设实践中不断探索的一个缩影。中小商业银行在数字化转型中科技方面的实践经验有以下几个方面。

（一）加大科技人才培养

在普遍缺乏优秀科技人才的现实条件下，中小银行要始终坚持人才是第一资源、创新是第一动力，不断增强科技队伍活力。

一是打造科技人才梯队。近年来，中小银行要通过拓展招聘渠道、加强市场化激励机制等，多管齐下引进科技人才，逐步建立人才梯队。以宁波银行为例，截至 2022 年末，该银行科技队伍已超过 1500 人，另有近 2000 多名合作厂商开发人员。

二是培养复合型人才队伍。一方面，中小银行要重视提升科技人员专业技能，持续优化重要岗位人员配置，逐步实现关键技术岗位职能自主可控；另一方面，注重培养科技人员对业务的认识、理解和运用，打造一支熟业务、懂技术的复合型人才队伍，逐步实现科技从配合业务到支撑业务，再到引领业务的发展模式，最终使科技成为推动全行转型创新发展的"动力源"。

（二）加强科技系统建设

一是优化科技技术架构。中小银行要加快破除传统竖井式的系统架构，建立起"强后台、大中台、敏前台"的分布式技术架构体系，打造能自主掌控的适应数字化转型的核心业务系统。以 Z 银行为例，该银行依托微服务分布式架构，重新构建了新一代信贷管理系统、对公电子渠道中台

等 48 套应用系统，个人网银、小微商户等系统实现云端服务，为金融服务升级注入强大科技动能。截至 2022 年末，Z 银行已建成涵盖银行渠道、客户管理与产品服务等近 227 套 IT 系统，为提升客户服务能力、推动业务持续发展打牢了科技根基。

二是全面推广敏捷开发模式。深入洞察客户深层次的需求和痛点，关注客户旅程体验，通过一个个的用户故事及小步快跑、快速迭代的方式，高效率创设出更受客户喜爱的或更具社会价值的产品，是数字化业务模式的必由之路。中小银行从开发理念、组织模式、开发模式上逐步推广，促进技术深度融入业务，开发速度和质量能够适应客户需求不断变化的现实需要。

（三）加快新技术应用

随着全社会数字化程度的大幅提高，中小商业银行要强化自身技术能力建设，积极探索应用人工智能、云计算、大数据等先进金融科技，努力成为"科技+金融"属性的新型金融服务机构。

一是全力实现业务流程自动化。机器人流程自动化（RPA）是提升流程类处理效率的有效技术。一些中小商业银行为提高流程类业务的处理效率和质量，开始建设 RPA 应用平台，并在企业自动年检、账户日常自检、信用卡逾期客户信息整理等多个业务场景进行应用。例如，郑州银行在企业自动年检方面，原先需要 500 名会计人员手工检核 24 万条数据，现由十台机器人执行，在解放了人力的同时，单条执行时间节约 20%，有效提升了工作效率。

二是积极提升智能客服水平。通过生物识别、语音语义识别技术，建设智能客服平台，为手机银行及终端设备提供接近真实语境的金融服务，为客户提供及时的业务咨询及产品销售服务，着力提升客户体验。

（四）加强数据治理，加快大数据技术应用

中小商业银行要将数据治理与应用上升到全行战略层面，全力挖掘数据价值。

一是制定基于安全应用的数据治理策略。成立数据银行部，在组织层面实现数据治理和数据技术的统一管理。规范数据治理工作机制，推进数据全生命周期管理。制定企业级数据标准，促进全行数据共享和大数据集成应用。在保护客户信息的前提下，加强外部数据收集，与社保、工商、税务、公积金、大数据管理等部门开展合作，有效丰富数据来源。

二是建设具有高效数据服务能力的数据中台。打造一站式、智能化、实时化、服务化的数据中台，通过一站式分析平台、机器学习平台等多维数据应用基础平台建设，实现数字营销、数字风控、数字运营、数字决策等方面的应用；同时，大力提升数据平台运营能力和数据交互使用能力，提高数据服务效率，促进数据与金融服务深度融合。

三是搭建数据风控模型。中小银行要积极探索数据在风险防控中的重要作用，上线零售大数据风险决策模型、非零售大数据风险辅助决策模型等，并加强风险模型管控；联合多方力量开展数据应用技术的研究，通过和高校合作搭建大数据算法联合开发中心，共建模型实验室；通过与前沿科技公司合作，建设科技生态联合实验室，实现模型搭建、验证、优化的闭环管理，着力打造多场景、全流程的智能化风控体系。

随着技术转型的深入推进和业务应用需求的不断增加，中小商业银行将在业务和技术的融合上更加深入，科技技术也将在数字化转型中发挥了越来越重要的作用。

故事五：一支有活力有梦想的小团队

2020年春节，突如其来的新冠疫情打乱了人们生产生活的正常秩序，一时间，"人员排查""信息登记"成为每个城市和社区艰巨繁重的工作，时任民政部基层政权建设和社区治理司司长陈越良公开表示："开发一个服务社区的抗疫情软件，比捐十个亿还管用。"

疫情当头，Z银行场景开发运营部落智慧社区小组员工迅速锁定社区需求痛点，"我们可不可以利用自身优势去研发一款社区出入登记的管理系统呢?"简单的想法一经抛出，便引起了小组成员的热烈讨论，在互动交流中，通过手机扫码出入登记的产品创意和基础构思逐渐清晰。当时，由于停工停产、员工居家隔离等原因，产品开发设计及推广上线都面临巨大的挑战，但是，大家坚定地认为该产品对民生有利，可为社会造福，将有助于国家疫情防控大局。随即，智慧社区小组及科技支持等人员迅速进入"战斗"状态。

2020年2月9日20:51，"一区一码"项目正式启动，21:30完成产品架构分析。

2月10日凌晨1:53，业务分析师提交第一版业务需求和产品页面交付原型；下午18:30，中原智慧社区"一区一码"系统1.0内测版本上线。

2月11日中午13:15，运营团队交付"一区一码"系统产品介绍手册；下午18:00，实施团队收集到了5个城市共计172个社区使用意向；次日凌晨，"一区一码"系统1.0发版完成并正式对外投放使用。

产品上线后，第一天便在281个社区投入使用，上线第三天注册用户破万；而后每天数据都在飞速增长，2020年末已为全省10万余个单位提供疫情防控技术服务，帮助1500万人次实现了安全便捷的生活，Z银行因此荣获"河南省抗击新冠肺炎疫情先进集体"称号，成为全省300个获奖集体中唯一一家金融机构。

"一区一码"产品从创意产生到上线运行用时不到3天，一周迭代8个版本，覆盖社区、单位、商场、村镇、高速路口等八大应用场景，持续新增68个功能需求。这些成绩只有在快速高效的敏捷组织中才能得以实现。

Z银行启动数字化转型，首先便是以敏捷组织转型为切入点，打破传统业务条线和部门之间的隔阂，真正以客户为中心，成立跨职能、端到端的实体经营团队，业务人员和科技数据人员协同办公，具备端到端的产品开发和交付能力，利用敏捷工作方法，大幅提高客户需求的响应速度。"一区一码"产品从发现市场机会到产品交付推广，再到后续的迭代运行，中间的每个环节都将敏捷组织的优点展现得淋漓尽致。而该产品的开发部门场景开发运营部，就是该银行数字化转型后成立的首批部落之一，在日常工作中，该部门一直坚持学习和使用各类敏捷工作方法，经过许多场景开发的敏捷实践，始终保持着以客户为中心的敏捷市场反应能力，保持着快人一步的领先优势。

中小商业银行如何在组织架构层面进行转型调整，打造独具特色的核心竞争力呢？我们对部分银行的数字化转型实践进行调研，也与包括麦肯锡在内的多家知名咨询公司进行了深入的探讨，得到了以下几个方面的结论。

（一）推进组织敏捷化

将原有机构的人力资源重新配置调整，如零售条线，以细分客群为经营管理的抓手，按照客群、产品、渠道、运营来组织日常管理，并建立业务与科技相融合的、基于跨职能实体小组并涵盖客群、产品、渠道的组织架构。比如，大众客户部、财富与私人银行部、惠农客户部和场景客户部等客群部门；零售产品部、零售信贷部、信用卡中心、收单业务部等产品部门；渠道管理部负责线上线下的全渠道管理；零售综合部负责协助分管行长进行条线的资源统筹和考核管理；等等。同时，在部落内以敏捷小组为基本工作单元，小组成员包含有业务人员、科技人员、数据分析师等各具所长的人才，并依据岗位职责分为业务分析师、市场营销师、数据分析师、系统开发等多种角色，组成端到端、跨职能的实体团队。一方面，通过"信任+授权"的方式，减少组织中间环节，改变决策和信息的反馈方式，解决了传统组织架构的部门壁垒带来的沟通效率问题；另一方面，在管理上赋予敏捷组织更多的决策权和资源支配权，由传统的命令式、指挥型管理模式向致力于协调、支持的赋能型管理模式转变，支持敏捷小组围绕客户需求，快速沟通、动态调整工作节奏，"端到端"地负责产品开发、营销、市场反馈，并持续进行迭代优化。

（二）践行敏捷工作方法

在工作模式上，采取以 Scrum 为代表的敏捷工作方法，即敏捷"四会"+特定敏捷角色+敏捷看板，有效指导敏捷组织开展日常工作，并通过持续的反馈闭环来获取经过验证的认知，使得工作目标更明确、工作计划更清晰、工作成果更有效。第一，在迭代计划会、每日站会、评审会和迭代回顾会等敏捷"四会"中，敏捷小组成员可充分讨论迭代任务、实施计划及当前进展，推动完成迭代任务目标。第二，在敏捷组织中，通过引入特定的敏捷角色，帮助团队达成小组的共同使命，如由 PO（Product Owner）负责小组产品的愿景，通过用户故事的方式来表达产品，并排定优先级，由 SM（Scrum Master）作为团队敏捷教练，负责引导团队持续改进敏捷工作方式，移除工作过程中的障碍。第三，敏捷看板则以物理或电子形式直观展现每项迭代任务的进展情况及所需资源支持，实现对敏捷组织迭代任务的可视化跟踪管理。

（三）完善敏捷管理机制

基于敏捷组织架构情况，建立并持续完善覆盖目标制定、经营落地、定期复盘、考核管理的敏捷管理机制。Z 银行作为较早推行敏捷管理机制的银行，为纵向实现从条线到小组、从总行到分行的目标高度对齐，横向实现跨部落跨部门的高效协同，引入了 OKR 管理方式，通过挑战性目标和具体的可衡量的关键成果的确定，提升对敏捷组织的激励作用。在经营层面，以"一页通"为工具（一页通是 Z 银行创设的，用于提升销售单元对规划客群、产品、活动和销售目标对接，落实销售的预算管理和执行的敏捷反馈工具)，推动总行主动规划客群、产品、活动和渠道，提升总行的规划和数字化经营能力。在考核组织方面，采用"KPI+OKR"考核方式，定期召开 QBR 会议，通过各层级的月度绩效对话来回顾业绩完成情况，加强各层级间的沟通反馈。同时，针对敏捷组织的不同层级和角色，建立差异化的分级评审委员会，按季定期组织对部落长、PO 等的考核评价，强化对敏捷组织的管理。

（四）加强敏捷教练队伍建设

敏捷教练是敏捷组织必要且紧缺的岗位，其价值在于充分发挥个人主观能动性，为业务小组、部落部门、业务条线和全行四级组织赋能敏捷工作方法，在技术、团队、组织、管理等方面，带领敏捷组织践行敏捷理念、传导敏捷文化，提升全体组织敏捷能力。同时，注重加强自身敏捷能力建设，初期可以通过外部敏捷教练赋能，逐步到选拔培养自己的专职敏捷教练。在实践中加强敏捷方法和敏捷工具的积累，探索符合本行特色的敏捷方法论，有效指导产品创设、迭代交付、业务运营等敏捷实践。

（五）敏捷组织的迭代深化

第一，在敏捷组织架构运行的基础上，为快速响应市场的紧急重大需求，强化条线部门、小组之间的横向协作，成立跨部门甚至跨条线的重要事项攻关小组，推动二次敏捷机制的建立。第二，紧随市场变化，进一步迭代演进各部门、各敏捷小组的工作职责和范围，明确敏捷小组、PO 的灵活调整机制，从机制层面保障敏捷组织能够更加灵活应对市场变化。第三，做实 CL（Chapter Leader）职责，在实现敏捷组织管理的同时，充分发挥 CL 在横向的工作流程管理和规范、职能团队管理和专业能力提升方面的突出作用。

（六）着力打造 T 型人才

第一，根据敏捷组织转型需要，建立部门内各岗位角色的能力模型，分别从专业能力、业务能力、敏捷转型等维度评定员工的核心能力等级，并有针对性地制定绩效考核及薪酬激励机制。第二，建立数字化学院，打造员工数字化能力体系。在这个体系中，按照银行对数字化人才能力要求及业界的先进实践，构建集算法理论、建模技术、数据分析、数字化运营等多维度于一体的数字化能力模型。实行员工等级评定，根据初评等级，推送相应的课程包，持续性、多形式、分层面开展培训，有效提升员工的数字化应用能力。第三，搭建敏捷社区平台，以敏捷社区为载体，传播敏捷文化，促进业务和科技人员在协作中互相学习，推动学习型组织的建设。在银行大力开展"数商"培训和数据驱动文化建设，沉淀推广数字化思维模式，推动全员包括从董事长到基层员工转变数据思维模式。

正是基于在敏捷组织架构方面的先试先行，让一部分中小银行拥有了一支专职的跨职能的创新团队，形成小步快跑、快速迭代、精准服务的数字化服务的新模式。在敏捷组织的支撑下，银行员工特别是青年员工充分释放活力，借助数字化转型搭建的平台，趁着时代给予的机遇，奋力拼搏，在实现自身价值的同时，推动着中小商业银行的数字化转型加速前行。

故事六：一种代表中小银行创新未来的合作方式

为应对银行业所面临的数字化跨界竞争和消费者多元化、场景化需求等挑战，在数字化转型加持下，一部分中小商业银行主动顺应中小商业银行转型需求，协同合作，试水联合创新项目，逐步勾勒出业务增长第二曲线。该故事讲述的就是多家中小银行在联合创新中的探索。

一、联合创新业务的诞生

住房抵押贷款产品可以帮助客户通过银行将不动产转换成资金，具有巨大的市场需求。如何运用互联网和大数据技术，简化程序，提高效率，全流程线上化，以极致体验满足客户全方位融资需求，一直是各家银行产品创新的重点。中小商业银行更是都在努力。Z 银行快人一步，推出全线上数字化的房抵贷产品"永续贷",一经推出迅速成为市场上爆款产品,并荣获全国"2016 年度金融行业产品创新突出贡献奖"。

凭借良好的市场反响和品牌号召力,Z 银行作为区域中小银行,主动联系其他中小金融机构业务转型,共同推动永续贷联合创新项目,并根据不同地区市场情况,有针对性地引进外部数据,对接外部系统,着力通过数据工具,使产品营销、运营、管理全流程线上化、数字化、智能化。

2018 年 7 月,长春某农商银行第一家与 Z 银行签订永续贷联合创新合作协议,并在长春地区重磅推出住房抵押贷款新品"长发 e 贷"。在该业务模式下,Z 银行将永续贷业务的科技和运营技术封装后,输入合作银行,并协助其实现自主风险控制、线上化标准作业流程、产品迭代等综合服务,并与合作银行一起开展市场营销、客户全生命周期管理、产品运营。该产品迅速成为长春地区的爆款产品,签约次年单月投放规模稳定在 1 亿元以上,营业收入占比超过该农商行零售收入的三分之一,当地监管机构对这种合作共赢的联合创新业务模式也给予了高度评价。

2019 年 3 月 22 日,在 Z 银行举办的"走进 Z 银行——打造数字化未来银行"主题活动中,浦发银行、浙商银行、四川省城市商业银行协会、山东省城商行联盟等 90 余家金融同业单位出席活动,展示了各行在联合创新业务方面的优势和发展成果,得到与会者的广泛好评,中小商业银行联合创新的氛围越来越浓。总结中小商业银行联合创新业务模式,具有以下特点。

一是强大的产品创新能力。基于互联网思维和敏捷开发优势,各家中小银行都有自身极富特色的数字产品,涵盖业务和精细化管理等不同领域。联合创新可互通有无,根据自身需求,灵活选择产品组合。

二是灵活的业务运营模式。在产品运营方面,可以创新性地引入专业外包公司负责市场营销、抵押物核验等事项,使合作项目可以充分发挥低成本运营优势。在该模式下,产品输出行可发挥技术优势+属地银行本地网点优势+金服非核心业务外包优势协同配合,迅速打开市场。

三是先进的科技支撑能力。随着合作银行科技基础能力的不断夯实,较为完整的联合创新技术支撑体系逐步建立。合作产品的成功产生"速赢"效应,提升了中小银行对数字化转型的信心。同时,数字化产品的应用也提升了各家合作银行的数字技术和能力,助力数字化金融服务和金融产品研发走上了"高速路"。

四是智能化的风控能力。联合创新业务,一般是全数字化、线上化的产品，例如"永续贷"采用了标准化信贷工厂运营方式，对贷前、贷中、贷后进行全流程辅导，面谈、签约、公证、抵押、放款各环节无缝衔接，且风控模型支持私有化部署模式，可依据合作行需求进行个性化配置。

"永续贷"联合创新产品的背后，是合作银行结合"互联网+"时代特征，加快业务模式、机制、流程和产品创新努力的成果，也代表中小银行创新未来的合作方式。

二、联合创新业务的发展模式

在金融科技改变金融业生态系统的过程中，独木难成林，面对激烈的外部竞争环境，中小商业银行要充分挖掘内部创新能力，必须积极携手同业伙伴，通过共同联合创新，重塑银行业基因。

从永续贷产品联合创新的过程来看，该业务主要有以下三个方面的特点。

（一）在业务架构方面，形成权责明晰的运作模式

永续贷联合创新业务架构主要由四部分组成：第一，在业务支持方面，技术输出行的信息技术部、数据银行部、会计运营部、风险管理部等部门，为联合创新业务提供技术、数据、财务、运营、风险管理等方面的支持，与此相关的开发平台、数据平台、基础设施等工具为联合创新业务提供了有效的后台支撑。第二，合作银行产品部门负责联合创新产品的迭代、优化、升级及封装，同时根据属地市场的产品需求进行针对性改造。在这一层面，输出银行对应的信贷系统、理财系统、场景系统等相关产品及业务系统成为联合创新业务发展的不竭动力。第三，输出行组建输出产品服务对接团队，全权负责联合创新业务的实施与运营。例如，Z 银行于2020 年成立金融创新部，主要负责业务咨询、建模及数据分析，通过 Z 银行的金融开放平台和相关对外合作的产品系统，实现联合创新业务的达成。第四，合作银行主要以国内一线、二线中小城商行和农商行为主，同时也积极拓展其他符合资质的合作机构，而 SAAS APP、SAAS PC 及其他私有化工具为业务的开展提供了广阔的渠道。

（二）在系统架构方面，创造性采用"双模"设计理念

根据联合创新业务特点，依托各行基础设施能力，探索形成了有针对性的系统架构解决方案。对联合创新产品，采取"双模"系统架构设

计，实现输出行和合作行数据隔离、业务隔离、风险隔离。

（三）在项目运营方面，坚持推进标准化运营体系建设

在推进永续贷联合创新的过程中，积极倡导以下三个规范。

一是销售规范化。采用销售漏斗（Pipeline）管理的思路和逻辑，实现售前方案定制化、商务合同标准化、市场活动定期化。

二是运营数字化。深入分析数字化运营需求，联合创新数据平台项目上线了包含业务统计、业务分析、数据大屏、业务风险等在内的 35 张图表，仅 2020 年即完成 23 次系统优化迭代；同时，为进一步提升客户体验，倡导实现运营闭环管理，提高业务运营质效。

三是风控智能化。搭建企业级智能决策平台，根据联合银行的风险偏好，支持合作银行"一行一策""一城一策"。

截至 2022 年末，联合创新业务合作行累计已达 30 家，分布在长三角、粤港澳、京津冀、东北地区、西南地区等核心经济带，管理资产规模已超过 400 亿元，资产质量优良，违约率小于 1%，在全国城商行中形成一定的品牌效应，对中小商业银行数字化转型起到良好的推动作用。

随着合作的深化，联合创新模式也从单产品的合作转向服务与产品的组合合作，加大合作广度与深度。同时，合作银行在 API 发布、数据治理、安全管控等开放银行建设，基于产业金融、有价值的目标客群开发、共用科技应用等方面开展合作共创，共同提升科技能力，打造科技生态体系，实现金融与科技的深度融合和协调发展。

推进数字化转型，是一个系统工程，不可能一蹴而就。中小商业银行数字化转型实践生动而富有活力，从实践来看，必须做到以下十个方面：第一，以客户为中心的理念是前提。第二，高层重视和全程推动是保证。第三，选择"速赢"切入点是策略。第四，技术要随着业务的发展一起布局。第五，组织的敏捷要不断进化。第六，每天微小的改变是不起眼的，但时间汇聚起的力量却是巨大的。第七，一定要研究市场的趋势，顺势而为最省力。第八，机会总是存在的，关键是你是否做好了准备。第九，敏捷文化的核心是"授权+信任"，创新的动力在基层，领导要管住指挥战役的冲动，把重心放在制定战略上。第十，要有容忍错误的心态和氛围，试错并修正是获得成功的方法。

未来的数字化银行会逐渐形成快速创新、细分市场的商业格局，只有紧跟时代、顺应形势、积极探索，才能在快速实践中成为未来赢家！

第六章
商业银行数字化转型新阶段的特征及演进方向

近年来，随着数字经济与技术的快速发展，各行各业都在经历数字化转型。对银行而言，在金融科技发展较快和客户需求偏好的共同驱动下，数字化转型已达成普遍共识。同时，新冠肺炎疫情带动行业发展趋势及客户行为模式再次飞速变化，促使商业银行基于线上化、数字化、场景化、生态化的竞争模式更加清晰，越来越多的银行加入数字化转型浪潮，并在乘风破浪的探索中迈入转型新的阶段。

第一节　商业银行的数字化转型模式

近年来，许多商业银行开始探索实施数字化转型。2019 年 10 月发布的《中国商业银行数字化转型调查研究报告》（中国互联网金融协会、新华社瞭望智库联合撰写）显示，当时已有 75% 的被调研银行开展数字化转型工作。2020 年以来，受新冠肺炎疫情等因素影响，数字化转型更是成为银行发展的必然选择。通过总结分析近年来各银行的转型实践可以发现，大家都在根据自身特点，探索不同的数字化转型实施路径，主要分为以下三种模式。

一、基于传统业务的合作模式

进入数字经济时代，传统商业银行的一些经营模式已无法满足客户需求和业务发展需要。面对数字化转型的竞争压力，受制于人力财力，部分中小商业银行寻求与外部技术公司合作，实现对传统业务的系统性重构，推动创新业务发展。如西安银行通过自主研发和借力优秀服务商的形式推动技术创新和业务线上化；四川自贡银行引入科技公司的技术和服务，为自身业务转型提供有力支持。此类特定业务转型，有效改变了商业银行传统业务的作业模式与流程，形成了独有的数字化打法，一定程度上降低了决策成本、缩短了执行周期，提升了特定领域的客户服务水平和业务效能。

二、试水特色产品的探索模式

在数字化发展趋势下，更多的银行开始为自身发展注入数字化基因，尝试在同业金融产品同质化竞争中崭露头角。商业银行通过选取特定金融产品作为数字化转型目标，实施线下向线上转移、强化视觉设计、简化交互流程、创新客户体验等关键动作，力求更好地满足客户需求，打造爆款产品。如上海银行从在线直销产品入手，持续开展产品迭代，实现了项目管理向产品管理的转型，为客户提供全线上化的产品服务。数字化产品使客户在互联网沉浸式体验中享受到银行金融服务，不仅有效提升了客户体验，也实现了传统金融产品在数字化转型中的突破。

三、具有战略意义的全面转型模式

传统商业银行经过多年发展积淀，各项业务取得突破的同时也面临诸多制约因素，如内部管理流程较为烦琐、线上化程度不高、数字化意识与能力薄弱、业务营销模式传统、系统架构设计理念落后、数据孤岛现象突出等。为突破上述枷锁，以建设银行、招商银行、平安银行、中原银行等为代表的商业银行率先启动全面数字化转型。全面转型围绕"以客户为中心"理念，通过变革组织架构、消灭数据孤岛、提升线上化程度、构建数字化营销体系、提升全员数商能力等，开展一场颠覆固有理念、自我洗礼的变革之战。全面转型没有完整案例可鉴，需要持之以恒的探索，以便自身更加适应新时代发展步伐。

第二节　商业银行数字化转型的进阶风向标及进入新阶段的研判

商业银行抓住数字经济赋予的发展机遇，深入推进数字化转型，创造了全新的业务价值，也获得了可喜的成绩。通过分析国内商业银行数字化转型案例，可以清晰地看到其转型有着明确的方向和目标。围绕转型目标，商业银行分阶段、分层次地推进具体的转型工作，促进自身数字化程度不断提升，为其可持续发展探索全新道路。

一、商业银行数字化转型的主要目标

（一）持续提高服务客户能力

伴随着指数级增长的数据和持续迭代的数字技术，商业银行可以更加深入地了解客户，掌握和预测客户需求，实现与客户的高水平交互，进而

为客户提供更具个性化色彩的服务。如数据搜索与分析技术的进步，使银行能够有效利用海量的非结构化数据，丰富完善客户画像，客户形象进而变得更加立体生动，银行业务与客户需求的匹配度将有质的提升。再如，人机对话技术的突破与发展，可以助力对话机器人在多元场景中完成拟人度更高的对话与服务指引，提升客户的体验感。早在 2012 年，中信银行就推出国内银行业首个智能机器人客服代表"CC"，它能借助语音识别技术理解客户需求，引导客户进入业务办理流程。随着技术的进步，现在的智能客服机器人金融服务功能更加丰富，并且可以营造自然开放的语言交互场景，与客户亲切寒暄、闲聊，实现友好互动。

（二）不断提升效率

通过数字技术的运用和深化，商业银行科技弹性增强，业务可以实现点对点的交互式连接，加上区块链技术建立的数字信任，能够有效减少中间节点，业务流程会更加简化，运营效率将大幅提高。同时，数字工具的应用还能最大限度地实现工作的自动化、智能化，一方面，可以实现对客户经理的业务赋能，使其投入更多的时间去拓展、维护和服务客户；另一方面，借助标准化的流程和动态的信息获取方式，既能辅助客户进行投资决策，也有利于银行提升决策效率，增强重要投资节点的准确性与时效性。2016 年底，招商银行在国内率先推出了智能投顾产品"摩羯智投"，引起了市场的极大反响。目前国内各家银行都在积极布局智能投顾，为客户提供低门槛、高品质的定制化投资咨询服务，以更好地适应资管新时代。以精准了解你的客户（Know Your Customer，KYC）为基础的智能化服务在供应链金融贷后管理、客户对账及运营管理领域已经逐步普及应用。

（三）有效控制风险成本

第一，数字技术实现市场以及个人的海量信息搜集、整合，为银行评估计算风险提供技术依托，奠定银行风险政策的数据基础，而且在风控政策执行的过程中，可以有效提升风控效率、降低银行用于风控的人力投入。根据易观分析发布的《中国智能+银行市场专题分析 2020》报告，商业银行2019 年智能催收人工替代率达到 18.65%，并呈大幅上升态势，预计 2025年将达到 72.39%。第二，数字化的应用还可以帮助银行创设丰富的虚拟场景，进行仿真度更高的沙盘演练，进而提高银行的风险识别敏锐度以及风险应对水平。第三，金融机构资产配置的水平则取决于基于信息对称的风险认知能力，而数字技术可以提高银行 KYC 能力和市场投研水平，助力资产和负债的精准匹配，有效降低风险发生的概率。

（四）创新商业模式

随着利率市场化的深入推进，主要依靠利差赚取利润的传统银行发展模式已经无法适应未来市场发展要求。数字化转型的试水成效，让商业银行在经营管理、业务营销等方面均感受到新技术带来的突破与希望，数字资产有望成为商业银行的新价值核心，而平台模式、生态化发展、去中介化、跨界竞争等数字商业特征也为商业银行勾勒第二曲线提供了方向指引，商业模式重塑成为大概率事件。作为数字化转型"排头兵"，平安银行零售营业收入占比由 2016 年的 31% 上升到 2021 年末的 58%，其"数据化经营、线上化运营、综合化服务、生态化发展"的"四化"新策略成效显著，截至 2021 年末，其管理零售客户资产（Asset under Management，AUM）达到 31826.34 亿元，较上年末增长 21.3%，零售客户数及平安口袋银行应用程序（Application，App）注册用户数均突破 1 亿。

二、商业银行数字化转型进入新阶段的判断依据

以转型目标为导向，商业银行数字化转型的成效逐步显现，推进转型的动力更加强劲，数字作用也从浅层次的业务产品创新逐步深化至经营管理的核心层面，数字化转型也进入更高层次。我们通过"五要素模型分析法"可以对转型成熟度进行评价，即围绕与转型相关的"数量、质量、投入、技术应用、监管政策"五方面进行分析，从而推断出商业银行数字化转型近年来已开始进入新的阶段。

（一）转型数量规模化增长

一方面，开展数字化转型的商业银行数量显著增加，《中国智能+银行市场专题分析 2020》指出，中国 85% 的银行将智能+银行的转型计划作为未来重点工作；2021 年腾讯云与毕马威联合发布的《区域性银行数字化转型白皮书》显示，调研的 46 家区域性银行中已有 91% 开展了数字化转型。数字化转型在银行业已成为大势所趋。另一方面，金融科技公司积极助推银行转型，麦肯锡（2019）调研显示，79% 的商业银行与金融科技公司建立

了合作关系；全球知名调研机构 CB Insights 根据自身数据分析指出，至少有 99 家优秀金融科技公司，致力于帮助银行在其前端、中端、后端的业务中实现自动化。

（二）转型质效逐步凸显

衡量一家银行数字化转型质效的标准可以从多个维度入手，如线上化业务占比、业务电子替代率、产品创新能力、客户线上活跃度、经营效益提升等。以中原银行为例，通过实施数字化转型，截至 2021 年末，其对公全线上渠道客户总数达 15.7 万户，覆盖全行对公有效户 84.83%；有效活跃客户数达 8.6 万户，活跃度为 85.21%；线上交易替代率达 87.3%。个人手机银行用户总数达 1054.79 万户；活跃用户达 246.25 万户，活跃度为 23.35%；线上交易替代率达 95%，线上交易金额占比为 85%。

（三）转型投入持续攀升

《中国智能+银行市场专题分析 2020》显示，2019 年主要银行机构的信息科技总投入已超过 1730 亿元。2020 年，中国银行业持续加大金融科技投入，A 股中上市银行信息科技方面的投入达 2078 亿元，同比增长 25%，占当年银行业 1.94 万亿元净利润的 10.7%。大型商业银行金融科技投入占营收比重普遍为 2.70%~3.15%，更有多家银行科技的资金投入接近千亿元，如招商银行等转型表现优异的大行，科技投入占营业收入比例超过 4%。此外，据不完全统计，截至 2022 年末，银行系金融科技子公司已达 20 家，也充分体现出银行对科技投入的不断加码。

（四）新技术应用进一步深化

一方面，在转型过程中，人工智能、区块链、大数据、云计算等技术在金融业中快速发展应用，对转型形成有力支撑，如《中国商业银行数字化转型调查报告》显示，多数调研银行已将大数据（98%）、生物识别（96%）、人工智能（78%）等技术应用到业务场景中。另一方面，新技术复合应用程度加深，银行的一款产品中可以同时蕴含多种新技术，新技术的叠加进一步加快银行数字化进程。

（五）监管政策日臻完善

近年来，监管机构在银行金融服务创新上给予了更多的政策支持，如中国人民银行先后印发《金融科技（FinTech）发展规划（2019—2021年）》《金融科技发展规划（2022—2025年）》，明确了金融数字化转型的总体思路、发展目标、重点任务和实施保障；中国银保监会出台《关于银行业保险业数字化转型的指导意见》，全面推进银行业和保险业数字化转型。同时，监管机构积极借助科技手段实施监管，既丰富了监管方式，也进一步促进金融机构深化转型发展，如中国人民银行明确部分城市进行创新产品试点，推动中国"监管沙盒"落地。

第三节　商业银行数字化转型新阶段的特征

伴随商业银行数字化转型逐步进入新阶段，一些新的特征也集中呈现。

一、数据治理能力大幅提升

多数银行已经将数据视为自身重要资产，纷纷着手改变数据分散、数据质量差、数据管理职责不清晰、缺乏统一数据标准、缺少数据治理工具等诸多历史问题，希望通过厘清数据资产，提升数据质量，从而充分发挥数据价值，形成数据驱动银行发展的新模式，让数据成为其核心竞争力。具体表现为：一是银行更加规范数据采集与存储，通过强化数据资产盘点认责与黄金数据源梳理等措施，让数据"更易用"。二是银行不断加强数据的标签建设和标准化管理，做好数据加工与质量管理，让数据"更好用"。三是银行更加重视数据信息的安全管理，让数据"更安全"。

二、数据用例规模化推广应用

转型初期银行大多以数据营销用例为切入点，通过试点先行，激发大数据应用的信心。随着大数据在营销领域应用的不断成熟，配套基础设施建设的不断完善、人员能力的不断提升，数据用例开始大规模推广，数据应用能力也随之不断深化，体现在四个方面：一是数据建模能力有效提升，银行技术人员能够自主实施更多数据模型的构建。二是打造出数据用例闭环管理平台，拓宽了用例执行渠道，实现了用例全渠道触达客户。三是数据用例场景不断丰富，涵盖银行业务营销、风控管理、运营管理、后台管理等各环节，数据融入银行整个运转过程。四是构建了数据生命周期管理平台，建立用例执行的评价机制，促进用例持续迭代优化。

三、数据驱动营销体系建成

随着数据用例在银行管理各环节的推广应用，银行逐步建立起数据驱动的营销体系。一方面，在业务营销端，银行从市场研判到决策部署，再到机制体制建设等各流程，都开始以数据分析作为主要驱动力，数据和业务的结合更加紧密，对业绩的支撑也更加明显，大幅提升了市场营销的精准性，尤其在零售业务、普惠金融等领域表现得尤为突出。另一方面，营销体系的建立还包括中后台对业务营销的有力支撑，如银行打造从前端营销到授信落地，再到临期、预警、催收、处置的全流程数字化风控体系，助推小微金融、供应链金融、消费信贷等业务实现全线上化办理；数据分析在成本分摊、综合定价管理等方面的应用，有效提升了银行营销管理精细化水平。

四、技术支撑能力显著增强

商业银行通过深化人工智能、区块链、云计算、大数据等新技术应用，不断为自身数字化建设赋能。一方面，新技术为银行获取数据提供更多便利，提高了数据采集的即时性和多样性，丰富了数据来源与数据维度，夯实了银行的数据基础。另一方面，通过新技术的应用，银行实现了"四个提升"：一是大数据应用分析平台等数据平台的构建，提升了银行大数据应用能力；二是机器学习、自然语言处理、知识图谱等人工智能技术的应用，提升了银行运营效率和管理能力；三是云计算技术提升了银行数据计算与存储能力；四是联邦学习、区块链跟踪数据来源等方式方法，有效提升了数据可信性。

五、组织敏捷化纵深推进

在数字化转型的新阶段，敏捷组织逐步由试点过渡到全面推广，其管理和运作机制也日趋完善。一是领导方式实现转变，由过去的命令式、指挥型管理模式转向授权、协调、支持的赋能型管理。二是敏捷的工作方法得到固化，如看板、敏捷"四会"等，保证工作计划清晰、目标明确。三是与敏捷相适应的考核与沟通方式得以确立，如考核由关键业绩指标（Key Performance Indicator，KPI）转变为"KPI+目标与关键成果"（Objectives and Key Results，OKR），一方面加强结果的驱动作用，另一方面强化目标和过程管理，激励作用更加凸显；定期开展季度营运会议（Quarterly Business Review，QBR）及绩效对话等，强化各层级之间的沟通反馈，促进经营目标有序完成。四是在敏捷小组基础上出现"超级组织""虚拟组织"等更加敏捷的组织形式，如中原银行的风险集市就是一种虚拟组织，虽没有固定的组织成员，但会定期集中各方资源围绕风险的某一主题进行会诊、探讨，并寻找有效解决方案。

六、数字化产品创设多点开花

产品作为银行服务客户的基础，在转型新阶段也由过去单点、简单式创新向成熟、体系化的多点产品管理和创新转变。一是打造产品创新赛道。比如，通过精益敏捷创新的方式做好现有产品迭代优化；通过组合创新，提升客户黏性，形成客户的结算银行；通过创新大赛、黑客马拉松等形式，实现新产品的创设、孵化、运营。二是建立产品创新机制。搭建自上而下的战略级创意、由外而内的同业盯市扫描、自下而上的全员级创意三个创意收集渠道，并从创意激发、演进、孵化等方面明确资源投入与评价机制，沉淀创新方法论，进一步带动创新发展。三是建立产品全生命周期管理机制，实现从客户需求收集、产品创设、产品运营到产品下架、产品后评估的闭环式管理。

七、中后台转型有力支撑前台敏捷

在全面数字化转型过程中，中后台也通过管理前置、路程跟踪、参与设计、提供工具等方式实现同步转型，为前中后台转型同频共振提供保障。如银行成本分摊、综合定价管理的线上化，预算管理、约束激励机制与敏捷组织的配套化，合规、运营管理的前置化等，都助力其数字化转型全面推进。同时，银行面向未来，不断调整人才发展战略，一方面，积极培养了解业务、具备数据分析技能的 T 型人才，打造出熟业务、懂技术、能建模的复合型人才队伍；另一方面，持续强化人力资源数据治理，构建员工数字画像，精准提升员工能力素质，为转型注入了人才动能。

八、数字文化与数字化评估工具作用凸显

在数字化转型的持续推动中，数字文化逐渐发挥更大作用，成为转型重要支撑。银行通过积极营造数字化的文化氛围，强化数字思维宣导，使大家更加清楚地认识到数据的重要性，并将数据分析作为支持自身判断或决策的有力工具。而随着转型的深入，针对商业银行数字化成熟度的评价也有了相应方法和工具，如中国互联网金融协会金融科技发展与研究专委会发布的"中国商业银行数字化能力成熟度模型""高德纳数字化成熟度评估问卷""麦肯锡数字化成熟度测评问卷"等。这些数字化工具也为商业银行正确认识所处的数字化阶段、明确后续工作提供了很好的借鉴。

第四节　商业银行数字化转型新阶段的目标导向

进入转型新阶段，商业银行更加聚焦以服务客户、强化经营为目标导向，加大科技与业务融合力度，真正让数字化转型赋能客户价值实现、经营业绩提升、管理能力增强。

一、根据客户需求梳理转型任务清单并排列优先级

一方面，数字化转型的需求和阶段性任务设定，不再仅由负责转型的部门决定，而是由其与各业务部门一起研究确定，更加注重服务银行当前的重点业务与重点客群，实现价值提升；另一方面，数字化转型需求与任务的设置要建立在充分与分支行一线部门、基层员工沟通的基础上，因为他们是客户和市场需求最直接的感知者，只有积极接受分支行业务人员的需求反馈，并根据其反馈及时优化调整转型任务目标、迭代转型工具等，才能进一步提高转型的实用性和适用性。

二、充分调动分支行积极性

商业银行数字化转型战略在营销端落地的关键在于分支行层面，确保数字化成果充分应用于业务推动，必须充分调动分支行的积极性。具体可

围绕三个方面发力：一是打造数字化辅助营销工具，助力客户经理盘活、深耕存量客户，提升经营业绩，释放网点产能。二是以 KYC 助力分支行客户营销，实现对单一客户的数字化分析，为分支行开展精准营销提供策略支持。三是依托大数据分析客户偏好特征，使分支行在执行数据用例时，能够向客户推荐更加符合其特征和需要的营销内容，从而带动经营业绩和客户价值提升。

三、健全"三轨制"运营体系

一是强化线上渠道闭环营销。针对高度碎片化、个体贡献度小的长尾客群，要积极运用线上化、数字化闭环营销手段，实现精准营销、精准风控、批量化获客、规模化盈利，从而提升该类客群经营成果。二是"线上+线下"相结合提供营销支持。一方面，依托线上数字营销平台，提高客户营销的效率和精准度；另一方面，线下营销也要强化数据支撑，如分支行在营销客户时，可借助数字营销工具分析客户特征与需求，还可通过对市场行业平均数据对比分析，精准定位客户价值水平，从而为其匹配针对性产品，提升分支行经营业绩。三是充分发挥线下营销作用。对商业银行而言，线下物理网点是其重要组成部分，因此在转型过程中仍要重视网点的属地化运营，进一步挖掘线下营销潜能。

四、精准描绘客户画像

客户画像是实现精准营销、精细化管理和精准风控的前提和基础。在数字化转型新阶段，要进一步提升客户画像的精准度。一方面，通过应用大数据、聚类分析、关联分析等技术，将客户信息与行为特征标签化，并根据不同的业务场景与银行客群定位规则，建立符合自身经营特色的客户分析模型；另一方面，要随着数据资源与业务场景的调整不断更新完善模型，深化银行对客户全方位理解与认知，实现对客户更加精准的画像和分类，从而有效筛选目标客户、挖掘潜在客户，并制订差异化客户营销方案，助推客户经营和业绩提升。

五、建立数据可视化驾驶舱

数据可视化驾驶舱不仅可以清晰直观地展示各项业务指标，还在业务分析和业务决策方面拥有巨大价值。在数字化转型推动至一定程度时，建立数据可视化驾驶舱十分必要。具体而言，商业银行要基于大数据分析挖掘、知识图谱等核心技术，依托银行内部全渠道和外部数据资源，通过设置科学的指标体系，建立直观化、具体化的核心业务数据可视化驾驶舱，直观呈现银行风控、营销、运营等核心指标现状及业务成效，赋能各业务条线、各层级管理者业务决策。

六、实现从关注内部效率到重视客户体验的转变

随着转型的深入，商业银行应在提供高效便捷金融服务的基础上，为客户带来更具多样化、差异化的客户体验。一是要强化客户体验管理，做好客户需求调研和客群分析，重视体验设计和产品测试，建立健全客户体验监测和评价机制，从而不断提升客户体验。二是要强化客户全流程服务，通过完善营销推动、优化审批流程等，持续改进客户流程，使客户在进入银行后，就能够获得极致的服务体验。同时，要积极利用数字化营销工具和线下渠道，开展多层次客户经营活动，进一步提升客户黏性和价值贡献度。三是要提高客户经理的体验。客户经理作为服务客户的关键环节，数据化能力和操作的便捷性是推动数字化应用的重要抓手，通过便捷化的操作和有价值的数据支撑，支持客户经理服务质效和经营业绩提高，将极大地推动数字化的应用深度。

第五节 商业银行数字化转型新阶段的发展方向探索

随着银行数字化转型的不断深入，运营效率和客户经营效能持续提升，转型将进入更高级阶段，重心将从成熟的零售业务逐步转向对公与机构业务等全覆盖，并实现理念转型、业务模式转型和数字化转型的有效统一，带动银行商业模式创新。具体而言，根据服务客群不同，数字化转型的新方向可以围绕以下三个维度进行。

一、围绕消费端和小企业端客户，深入推进开放银行建设

商业银行数字化转型多从零售业务着手，主要源于零售客户和小微商户蕴藏着巨大的消费潜能，长尾效应极其明显，适合发展普惠金融，而打

造开放银行平台是优化普惠金融的最优模式。目前，开放银行建设主要有协作编排、平台、创新三种模式。一是协作编排模式，重视内部开放，通过内部协作、要素重新编排等方式，强调现有产品和服务的合作与创新。二是平台模式，通过打造专属平台，建设全新的场景，并促进不同场景的相互融合、彼此引流，形成增长飞轮的闭环。三是创新模式，商业银行提供开放的基础设施和工具，让创业者在银行平台上进行开发，进而为客户提供各类服务，建设更加丰富生动的服务生态。这三种模式是共享经济在银行业务中的具体体现，提高了生产要素的运转效率，有助于形成共享、共生、开放、共赢的商业新格局。

二、围绕企业端客户，大力发展供应链金融

基于消费端（Consumer，C 端）客户积累的经验，商业银行可以追踪产业互联网发展，打造产业服务平台，更好地服务企业客户。一是连接产业供给端、流通端和需求端，构筑服务平台。商业银行可以发挥资源和信息中介等优势，深度介入从设计、制造、生产、流通、贸易、渠道以及经营管理等生产链各环节，输出多年积累的数据与技术能力，对其进行数字化的升级改造，提高全产业链的协同效率，与行业共建产业互联网生态平台，推动全行业的转型升级。二是聚焦交易流通环节，强化平台和客户之间的黏性。商业银行要高度重视交易环节，重点推进交易银行平台建设，丰富交易银行产品，促进产业尽快实现精准匹配供需双方、整合线上线下渠道、精简流通链条、贯通支付结算环节、保障资金安全、形成交易闭环等，并为其匹配物流仓储服务、供应链金融等增值服务，成为产业互联的支撑点和连接点，进而有效提升自身资源整合能力和风控能力。

三、围绕政府端客户，助力政府治理能力提升

数字经济已成为驱动经济发展的重要引擎，数字化转型已经深入社会的方方面面，政府对于数字化转型更是需求迫切，智慧政务、智慧城市建设等成为各级政府提高政府治理能力的关键，是提高政府管理和公共服务的重点工程，但受制于服务内容错综复杂、技术实力不足、专业人才缺乏等短板，实施效果尚有较大的提升空间。商业银行可以依靠自身技术能力、公众服务经验、长期与政府合作等资源禀赋，通过建立服务平台、提供服

务渠道等方式，有机融入智慧政务、智慧城市、社会治理、公共服务产品供给等领域，为政府提供多生态共存的服务，借助金融科技"隐身"在各种政务服务场景中，让政府与社会公众可以随时随地享受"金融+非金融"综合服务。

　　置身于数字化浪潮之中，商业银行在持续探索着属于自己的创新发展路径，而如何在转型过程中，既脚踏实地，充分发挥自身优势，又顺势而为，积极在转型新阶段赢得先机，仍需要商业银行进行更多的思考与探索。

参考文献

［1］王炯．中小商业银行数字化转型的逻辑和实践［J］．清华金融评论，2020（2）：67-71．

［2］王炯，杨涛．数字化时代银行架构重塑［J］．中国金融，2019（21）：58-61．

［3］王炯．城商行零售银行数字化转型突围路径［J］．中国银行业，2019（7）：22-24．

［4］陈游．美国 CapitalOne 大数据战略对我国商业银行大数据应用的启示［J］．中国内部审计，2018（6）：83-88．

［5］王炯．大数据在商业银行的规模化应用［J］．银行家，2020（4）：28-29．

［6］王炯，张怡，盛慧芳，等．中小银行如何打造敏捷组织［J］．银行家，2021（7）：72-75．

［7］王炯．商业银行数字化转型新阶段的特征及演进方向［J］．清华金融评论，2020（10）：91-95．

［8］王炯．中小商业银行资产负债管理［J］．中国金融，2022（13）：49-51．

［9］王炯．数字化信用风控体系实施路径［J］．中国金融，2021（21）：40-42．

［10］王炯．商业银行数字化转型助推零售业务内生发展［J］．银行家，2019（7）：40-43．

［11］陈忠阳，易卓睿．系统性风险的管理思维［J］．中国金融，2022（4）：91-93．

［12］关晶奇．商业银行组织架构模式与风险管理［J］．中国金融，2019（22）：75-76．

［13］郭品，沈悦．互联网金融加重了商业银行的风险承担吗？——来自中国银行业的经验证据［J］．南开经济研究，2015（4）：80-97．

［14］龚逸君．商业银行风险管理数字化转型路径研究［J］．国际金融，2020（2）：42-49.

［15］黄益平，邱晗．大科技信贷：一个新的信用风险管理框架［J］．管理世界，2021（2）：12-21+50+2+16.

［16］黄绍辉．公司信贷风险管理转型［J］．中国金融，2020（5）：74-75.

［17］刘亦聪．我国商业银行全面风险管理框架建构与实施［J］．科学与管理，2012（3）：46-51.

［18］田建华，张红霞．商业银行的信贷风险管理探析——以中国农业银行丹凤支行为例［J］．西部财会，2020（12）：41-43.

［19］王鹏虎．商业银行数字化转型［J］．中国金融，2018（15）：55-56.

［20］王时栋．银行信贷风险成因分析及其对策［J］．全国流通经济，2019（26）：161-162.

［21］王学武．商业银行信用风险管理的反思［J］．新金融，2018（10）：37-40.

［22］朱晓谦，李建平．相关性下的银行风险集成研究综述［J］．中国管理科学，2020（8）：1-14.

［23］张勋，万广华，张佳佳，等．数字经济、普惠金融与包容性增长［J］．经济研究，2019（8）：71-86.

［24］中国人民银行征信中心与金融研究所联合课题组，纪志宏，王晓明，曹凝蓉，等．互联网信贷、信用风险管理与征信［J］．金融研究，2014（10）：133-147.

［25］中国建设银行．2017，2018，2019，2020，2021年度报告［R］．http：//www3.ccb.com/cn/investor/reportv3/annual_report_1.html.

［26］招商银行．2017，2018，2019，2020，2021年度报告［R］．http：//www.cmbchina.com/cmbir/intro.aspx?type＝report.

［27］平安银行．2017，2018，2019，2020，2021年度报告［R］．https：//ebank.pingan.com.cn/ir#/pc/index.html/home/relation/relationPage/provisional?userId＝2.

［28］中国民生银行．2017，2018，2019，2020，2021年度报告［R］．https：//ir.cmbc.com.cn/cn/investor-relations/financial-information/financial-reports/.

［29］Altman. E. I. , Brady. B. Explaining Aggregate Recovery Rates on Corporate Bond Defaults［R］. NYU Salomon Center Working Paper, 2002（1）: 4-90.

［30］Fixed Income Portfolio［J］. Journal of Banking and Finance, 2002, 26（2）: 347-374.

［31］Berger, A. N. , Frame, W. S. and Ioannidou, V. , Reexamining the Empirical Relation between Loan Risk and Collateral: The Roles of Collateral Liquidity and Types［J］. Journal of Financial Intermediation, 2016,（26）: 28-46.

［32］Brechmann E C, Czado C, Paterlini S . Modeling dependence of operational loss frequencies［J］. Journal of Operational Risk, 2013, 8（4）: 105-126.

［33］Cerqueiro, G. , Ongena, S. and Roszbach, K. , Collateralization, Bank Loan Rates and Monitoring［J］. The Journal of Finance, 2016, 71（3）: 1295-1322.

［34］Harris T . Quantitative credit risk assessment using support vector machines: Broad versus Narrow default definitions［J］. Expert Systems with Applications, 2013.

［35］Cerqueiro, G. , Ongena, S. and Roszbach, K. Collateralization, Bank Loan Rates and Monitoring［J］. The Journal of Finance, 2016, 71（3）: 1295-1322.

［36］Frye J. A false sense of security［J］. Risk, 2003, 16（8）: 63-67.

［37］Freiling I, Minz M M . Smart Consumer Credit-Risk Models based on Advanced Machine-Learning Algorithms, 2020.

［38］Frost, J. , Gambacorta, L. , Huang, Y. , Shin, H. S. and Zbinden, P. BigTech and the Changing Structure of Financial Intermediation［J］. Economic Policy, 2019（34）: 761-779.

［39］Pesaran, M. H. , Testing Weak Cross-sectional Dependence in Large Panels［J］. Econometric Reviews, 2015, 34（6）: 1089-1117.

［40］Model-the KMV Private Firm Model and Common Rinancial Ratios for German Corporations［J］. KMV Corporation, 2000（11）: 1-10.

［41］ Sobehart, J. R. , Keenan, S. C. , Stein, R. M. , Benchmarking Quantitative Default Risk Models: A Validation Methodology ［J］. Moody's Investors Service, 2000.

［42］ Vallee, B. and Zeng, Y. , Marketplace Lending: A New Banking Paradigm? ［J］. The Review of Financial Studies, 2019, 32 (5): 1939−1982.

［43］ Jan Willem van den End and Mostafa Tabbae. When liquidity risk becomes a systemic issue: Empirical evidence of bank behaviour ［J］. Journal of Financial Stability, 2012, 8 (2) : 107−120.

附　录

商业银行数字化转型大事记

第一部分　政策导向及监管要求

一、党和国家政策

1. 2017 年 10 月，党的十九大报告明确提出建设数字中国战略目标。"数字中国"首次被写入党和国家纲领性文件。

2. 2020 年 8 月，国务院国资委印发《关于加快推进国有企业数字化转型工作的通知》，就推动国有企业数字化转型作出全面部署。

3. 2021 年 3 月，国家发布《国民经济和社会发展第十四个五年规划和 2035 年远景目标纲要》，提出"加快数字化发展，建设数字中国"，并印发《"十四五"数字经济发展规划》，为国家数字经济健康发展谋篇布局。

4. 2022 年 10 月，党的二十大报告再次明确提出"加快建设数字中国"，加快发展数字经济，促进数字经济与实体经济的深度融合。

二、监管要求

1. 2019 年 8 月，中国人民银行印发《金融科技（FinTech）发展规划（2019—2021）》，明确要求商业银行核心系统向分布式转型，引导金融机构加快推进数字化转型。

2. 2020 年 10 月，中国人民银行党委书记、中国银保监会主席郭树清在 2020 年金融街论坛年会上指出，"所有金融机构都要加紧数字化转型，提高服务大众的本领"。

3. 2022 年 1 月，中国银保监会印发《关于银行业保险业数字化转型的指导意见》，从七个部分对银行业保险业数字化转型提出具体指导。

4. 2023 年 1 月，中国人民银行郑州中心支行印发《河南省金融科技应用推进金融数字化转型提升工程实施计划》，要求各金融机构加快推进《金融科技发展规划（2022—2025 年）》落地。

三、河南省政策

1. 2021 年 6 月，河南省政府国资委印发《关于成立河南省国资国企数字化智能化建设领导小组及工作机构的通知》，明确领导小组及工作职责，统筹河南省国资国企的数字化智能化建设。

2. 2021 年 10 月，河南省第十一次党代会明确提出要把握战略方向，突出战略重点，全面实施"十大战略"，其中包含"数字化转型战略"。

第二部分　银行业数字化转型大事记

一、国有商业银行及开发性银行

（一）中国建设银行

1. 2010 年，建设银行通过新一代核心系统的建设，对业务流程进行了企业级再造，打造了数字化经营的坚实基座。

2. 2018 年，建设银行开启金融生态建设，推进平台化、场景化建设，将金融能力和数据以服务方式向社会开放。

3. 2018 年，建设银行正式发布《金融科技战略规划》，明确金融科技战略实施方向：建立技术与数据双轮驱动的金融科技基础能力，对内构建协同进化型智慧金融，对外拓展开放共享型智慧生态，努力打造具有"管理智能化、产品定制化、经营协同化、渠道无界化"特征的现代商业银行。通过对住房租赁、普惠金融和金融科技三大战略的推进，进一步构建金融生态、搭建场景。

4. 2018 年 9 月 20 日晚，建设银行在中国互联网金融协会旗下的全国互联网金融登记披露服务平台上发布声明，表示已通过个体网络借贷资金存管系统测评（P2P 网贷机构存管银行"白名单"）。

5. 2019 年，建设银行启动"蓝芯"工程项目群建设，以"全部自主研发、全集团、全部业务、全流程、全部集约化、全部监管合规"的"六全"管理为目标，针对金融市场投资与交易系统的前台交易、中台风控、后台运营等方面，实施体系化、针对性能力建设，旨在结束在投资与交易领域长期依赖外购系统的历史，在支柱领域掌握主动权。

6. 2020 年，建设银行开启全面数字化经营探索，按照"建生态、搭场景、扩用户"的数字化经营思路，构建业务、数据、技术三大中台，全面提升数据应用能力、场景运营能力和管理决策能力。

7. 2021 年，建设银行发布《中国建设银行金融科技战略规划（2021—2025 年）》，纵深推进金融科技战略，深化金融科技体制机制，夯实新金融数字基础设施建设，强化技术创新和自主可控能力，加快推进全面云化转型。

8. 2021 年，建设银行在头部互联网平台的有交易客户数近 6 亿，交易大于 20 笔的超级用户数近 2 亿，交易笔数超过 500 亿笔，市场份额在同业中领先。

9. 2023 年 1 月 31 日，建设银行在北京发布建设银行云品牌，首批推出三大类 10 个云服务套餐，助力行业数字化转型发展。

（二）中国工商银行

1. 2016 年 2 月 24 日，工商银行正式推出手机银行境内转账汇款全免费政策，涉及客户达 2 亿人，但通过个人网上银行进行的转账汇款仍按原收费标准执行。

2. 2017 年，工商银行加快推动互联网金融 e-ICBC 3.0 智慧银行战略升级，全面构建网络金融服务生态。

3. 2019 年，工商银行规划数字化转型蓝图，提出着眼于推进集团跨境、跨业、跨界转型发展的要求，以"技术+数据"打造客户服务智慧普惠、金融生态开放互联、业务运营共享联动、产品创新高效灵活的智慧银行生态体系。

4. 2020 年，工商银行加快推动全行数字化转型，高标准做好科技创新规划和 e-ICBC 战略升级方案实施，建设科技强行和数字工行。

5. 2021 年，工商银行率先提出"数字生态、数字资产、数字技术、数字基建、数字基因"的五维布局，筹划推出面向未来的数字化品牌"数字工行（D-ICBC）"，同时依托集团金融科技和数据优势，以客户为中心、以"数据+技术"双要素为驱动，深化数字工行建设，积极融入数字中国建设大局，助力数字经济健康发展。

6.2022年，工商银行将"e-ICBC"战略升级为"D-ICBC"，催生"数字工行"，D（Digital）代表"数字生态、数字资产、数字技术、数字基建、数字基因"五维数字化整体布局。这是工商银行最新的数字化发展理念，也是该银行的数字化新征程。

7.2022年，工商银行积极落实党中央战略决策和人民银行部署安排，实施"工商银行全球支付及清算体系建设项目"，创新打造了"自主可控、通达全球、数字智能、合规安全"的全球综合金融服务，赋能跨国企业数字化转型和全球化经营，推动全球化金融服务高质量发展。

（三）中国银行

1.2018年是中国银行的"数字革新年"。中国银行正式发布了以"1234-28"为核心框架的《科技引领数字化发展战略》，目标是打造科技创新引领能力，全面实现数字化转型。

2.2019年，中国银行"5G智能+生活馆"在北京正式开业，该网点是银行业首家深度融合5G元素和生活场景的智能网点。

3.2020年，中国银行实施"数字中银+"科技创新战略，推进企业级业务架构和企业级IT架构转型，打造业务数字化、场景生态化、技术平台化的科技支撑能力。深入推进全流程数字化转型，深化大数据、人工智能、区块链、生物识别等新兴技术的应用，以数字化发展推动"一体两翼"战略发展格局全面落地，打造"数字中银+"品牌。

4.2021年，中国银行发布集团"十四五"规划，把数字化转型作为当前时期转变经营发展模式的第一要务，将制定发布金融科技规划和数据战略规划作为重要行动纲领。

5.2022年，中国银行以集团"十四五"规划为指引，以全面数字化转型为核心，聚焦企业级业务架构和企业级IT架构建设"两大支柱"，围绕赋能业务发展、夯实基础支撑、布局未来能力"三条主线"力求突破。

（四）中国农业银行

1.2018年，农业银行启动数字化转型，按照"互联网化、数据化、智能化、开放化"的思路，以金融科技和业务创新为驱动，推进产品、营销、渠道、运营、内控、决策等全面数字化转型，着力打造客户体验一流的智慧银行、"三农"普惠领域最佳数字生态银行。

2.2018年6月14日，农业银行和腾讯公司签署全面合作协议。双方将在数字银行建设、智慧城市和乡村生态圈建设、金融科技、投融资等业务领域开展深入合作，通过整合各自的优势资源，为客户提供优质、创新的金融服务。

3.2019年，农业银行推进数字化转型进入快车道，聚焦"做强产品""做优场景""做活数据""做专风控""做通渠道"和"做好平台"，持续推进数字化转型战略思路落地实施。

4.2020年，农业银行加快推进大数据战略落地，持续提升科技支撑服务能力，不断夯实"数据"与"技术"两大基础，强化掌银功能建设与线上运营能力，推进开放银行建设与场景金融拓展，加快构建多层次、多维度的金融生态价值链。

5.2021年，农业银行围绕科技支撑、智慧渠道建设、企业级架构与大数据应用四个关键领域，实施数字化转型"十大工程"，加快形成科技引领、数据赋能、数字经营的智慧银行新模式。

（五）交通银行

1.2017年，交通银行创新"线上+线下"协同服务模式，在持续深化基层业务网点、电子渠道和客户经理"三位一体"建设的基础上，打造线上金融科技平台，将大数据、移动互联和人工智能等技术应用于精准营销和业务发展。

2.2018年，交通银行成立线上金融业务中心，着力打造金融科技平台，推进大数据、移动互联和人工智能等技术应用，同时启动新一代集团信息系统智慧化转型工程——"新531"工程，以打造"1"个技术架构、构建"2"个支持平台、围绕"5"大应用领域、建设"N"个项目为总体框架。

3.2019年，交通银行聚焦IT架构转型、IT管理架构优化、数据治理提升三项任务，通过IT架构转型，推动技术架构由集中式向分布式转型，加快数字化、智慧化平台体系建设；通过IT管理架构优化，成立"一部四中心一子公司一研究院"架构，打造敏捷迭代、快速研发的IT管理与开发能力，促进业务与技术深度融合；通过数据治理提升，充分释放数据资产价值。

4. 2020 年，交通银行成立金融科技与产品创新委员会，构建和完善适应数字化展业、敏捷反应的金融科技组织构架，提高金融科技顶层设计和一体化管理水平。

5. 2021 年，交通银行先后发布数字化转型行动方案、"十四五"金融科技发展规划和数据治理规划，提出金融科技发展愿景"POWER"，其中，P 代表平台（Platform），O 代表开放（Open），W 代表智能（Wise），E 代表企业级（Enterprise），R 代表重塑（Reinvent），以技术创新和数据要素为双轮驱动，打造体验极致、生态丰富、风控智能、运营高效的数字化新交行。

（六）　中国邮政储蓄银行

1. 2019 年，中国邮政储蓄银行成立金融科技创新部和管理信息部，形成总行"三部两中心" IT 治理架构，加快推进"双模 IT"，制定新一轮大数据五年规划（2020—2024 年），从应用场景、数据治理、技术体系和组织架构四个方面对该银行大数据能力建设提出了全面的规划方案。

2. 2021 年，中国邮政储蓄银行从企业级视角对业务架构、应用架构、技术架构、数据架构、金融科技和 IT 治理进行全新布局，提出"加速度"（SPEED）信息化战略。其中，S（Smart）代表智慧，即以"邮储大脑"为依托，构建精准智能的业务拓展、风险防控、经营管理能力，实现高效的智慧决策。P（Platform）代表平台，是指构建共享、复用的平台模式，通过平台建设实现敏捷科技赋能。第一个 E（Experience）代表体验，通过扩展线上线下多触点服务，为用户带来一体化的极致体验。第二个 E（Ecosystem）代表生态，通过对生态伙伴实现开放互联，打造共生共赢的金融生态圈。D（Digitization）代表数字化，是指深入推进数字化转型，驱动全行生产经营方式变革。

3. 2022 年 4 月 23 日，中国邮政储蓄银行完成核心系统功能并全面投产。

4. 2022 年 11 月，中国邮政储蓄银行完成新、旧个人业务核心系统之间的在线数据移植，标志邮政储蓄银行新一代个人业务核心系统项目圆满收官。邮政储蓄银行采用企业级业务建模和分布式微服务架构，基于全栈式安全可控的软件、硬件，打造能够快速响应需求、技术自主可控、运行高效稳定的全新一代核心系统，是中国银行业金融科技关键基础设施技术应用实践的重大突破。

（七）国家开发银行

1. 2020 年 5 月 13 日，国家开发银行作为第一批倡议方，与国家发展改革委等发起"数字化转型伙伴行动"倡议。

2. 2022 年 4 月 9 日，国家开发银行新一代核心业务系统工程（以下简称新核心工程）成功投产。新核心工程立足开发性金融机构特点，围绕服务国家经济重大中长期发展战略，落实开发性金融机构深化改革要求，全新打造业务分类分账 IT 支持体系，创新建立"以客户为中心"的三层额度管控，首创"全业务、全流程、全覆盖"的反洗钱监控机制，强化信贷资金全链条管控，构建多层次方便快捷的产品体系和客户服务体系，对营运、财会、资金、信贷、评审、合规等业务领域的流程、规则进行了全面梳理、优化完善和系统固化，有效支持国家开发银行更好地发挥开发性金融作用，推动构建新发展格局。新核心工程搭建组件化、参数化、平台化的企业级技术架构，在高度抽象账户、产品、合约等银行业务基本要素基础上，采用"高内聚、松耦合"应用设计，实现交易、核算、支付、账户等业务处理解耦，支持产品灵活配置和业务快速扩展。

二、股份制商业银行

（一）招商银行

1. 2014 年，招商银行提出加快实现"二次转型"，明确了"轻型银行"的转型方向和"一体两翼"的战略定位。"轻型银行"的本质，是以更少的资本消耗、更集约的经营方式、更灵巧的应变能力，实现更高效的发展和更丰厚的价值回报。"一体两翼"战略即零售金融为"一体"，公司金融和同业金融为"两翼"。

2. 2015 年，招商银行提出移动优先策略，全面转向"App 时代"，打造内建平台、外接流量的互联网运营模式。

3. 2017 年，招商银行吹响了打造"金融科技银行"的号角，提出把科技变革作为未来三年到五年的重中之重，以科技敏捷带动业务敏捷，紧紧围绕客户需求，深度融合科技与业务，快速迭代、持续交付产品和服务，创造最佳客户体验，取得效率、成本、风险更高层次的平衡。

4. 2018 年，招商银行全面开展数字化转型，提出向"App 时代"和零售金融 3.0 转型，并以 MAU 作为引领零售金融转型的北极星指标。

5. 2019 年，招商银行开启探索"客户+科技"的 3.0 经营模式，将持续加大金融科技投入写入章程。招商银行是第一家将金融科技投入比例写入章程的商业银行。

6. 2020 年，招商银行明确"开放融合"和组织文化变革，形成与金融科技相一致的组织和文化。

7. 2020 年，招商银行提出以"网络化、数字化、智能化"为战略演进路径，深入推进全行数字化转型发展和 3.0 经营模式升级。

8. 2021 年，招商银行提出"大财富管理、数字化运营和开放融合"的招商银行 3.0 模式，聚焦"财富管理、金融科技、风险管理"三个能力建设。

（二）光大银行

1. 2018 年，光大银行以中长期战略优化为契机，围绕"打造一流财富管理银行"总战略目标，制定了全行级数字化转型子战略，作为新版战略规划的重要组成部分。

2. 2019 年，光大银行将电子银行部升级为数字金融部，强化组织支撑，进一步推动全行数字化转型，构建以敏捷和科技为主体的共享生态圈。

3. 2020 年，光大银行提出"123+N"的数字光大发展体系，包括一个智慧大脑、两大技术平台、三项服务能力、N 个数字化产品，并制定了 16 项关键指标的数字银行建设评价体系。

4. 2022 年 6 月 30 日，光大银行董事会审议通过了《关于总行相关部门组织架构调整的议案》，同意信息科技部更名为金融科技部，并设立数据资产管理部、科技研发中心、智能运营中心三个一级部门。

5. 2022 年 11 月 22 日，在 2022 金融街论坛活动上，光大银行携手北京大学国家发展研究院共同发布《数字便民新生活——2022 年中国便民缴费产业报告》。这是该银行自 2015 年起连续 8 年开展的中国便民缴费产业研究并发布的报告。

（三）平安银行

1. 2016 年，平安银行全面开启零售转型进程，提出"科技引领、零售突破、对公做精"十二字方针。

2. 2016 年末至 2018 年末，平安银行进入智能化银行 1.0 阶段，奠定了零售业务全面数字化的基础。

3. 2018 年，平安银行启动智慧财务工程，首创"工"字形方法论，开银行业数字化转型先河。

4. 2019 年，平安银行启动全面 AI 化，创新经营模式、业务模式，全面打造 AI Bank。

5. 2019 年初至 2020 年末，平安银行智能化银行进入 2.0 阶段，以 AI Bank 及开放银行建设作为战略重点，开启全面数字化进程。

6. 2020 年，平安银行提出全面数字化经营向纵深发展，在对公、零售、同业及中后台深入推进数字化转型，将金融科技深度植入金融服务全流程，推动金融科技和用户服务、产品营销、风险控制、合规管理、精细化管理等多维度的有机融合。

7. 2021 年，平安银行启动"开放银行"项目，在合规、合法前提下，开放 API 接口，将银行服务融入客户常用的 App，让用户在需要支付、贷款、理财等金融服务时能一键接入平安银行。

8. 2021 年，平安银行智能化银行进入 3.0 阶段，提出零售转型新模式，引领商业模式变革。

9. 2022 年上半年，平安银行启动"智能化银行 3.0"项目建设，建立科学的客群划分机制以及由总部"AI 大脑"决策引擎驱动的智慧经营体系，推动更精准的客户需求洞察、更适配的产品服务供给以及更智能的运营触达，实现对客户全生命周期的精细化、智能化经营。

10. 2022 年 7 月 26 日，平安银行发布平安口袋银行 6.0，本次版本升级重点对平安银行的开放银行、大促活动以及客群活动进行了权益加码，其中开放银行引入了更加丰富的第三方生活类权益，涵盖"衣、食、住、行、娱"等消费场景，进一步促进消费类中小微企业数字化。

（四）兴业银行

1. 2000 年，兴业银行率先提出"科技兴行"战略，最早在股份制银行中实现全行数据大集中。

2. 2007 年，兴业银行率先推出涵盖科技输出服务在内的银银平台。

3. 2015 年 11 月 10 日，兴业银行成立金融科技子公司——兴业数金，这是我国首家银行系金融科技子公司。

4. 2017 年，兴业银行开始举全行之力推动集团流程银行建设，用时 3 年完成了包含"五大主题、七大工程"的建设任务，强化业务流程重塑和数据治理，进一步夯实了数字化底层基础。

5. 2018 年，兴业银行提出"1234"战略规划，在绿色银行、财富银行和投资银行三个方面全面加快推进数字化转型。

6. 2019 年，兴业银行将科技研发人员成建制注入科技子公司兴业数金，实施更加市场化的激励机制，并建立"BA（业务分析师）+SA（系统分析师）"协同机制。

（五）浦发银行

1. 2018 年，浦发银行提出建设数字生态银行，推出业内首个 API Bank 无界开放银行，明确提出了"银行即服务"（BaaS）的发展方向，引发了国内开放银行建设的浪潮。

2. 2019 年，浦发银行以数字化重点项目为抓手推进全行数字化转型，深化开放银行建设，数字员工"小浦"顺利上岗。浦发银行围绕 To B、To C 和 To G，整合行内资源链接生态场景，努力打造数字化经营体系。

3. 2020 年，浦发银行发布"全景银行"蓝皮书，联合华为发布"物的银行"白皮书，成立"开放金融联盟"，推动开放银行建设进入新阶段。

4. 2020 年，浦发银行启动"千家万户连接工程"，效果显著。

5. 2021 年 7 月，浦发银行成为亚太首家基于 Cloudera 公司 CDP 实现私有云容器化部署的企业。"云原生存储 Piraeus 项目"使容器具备了高可用数据卷服务能力。

6. 2021 年 10 月，浦发银行联合 IBM、中国信息通信研究院发布《商业银行数据资产管理体系建设实践报告》，联合浙江大学发布《数据原生的金融架构蓝皮书》，进一步深化全景银行建设，为行业发展提供参考。

7. 2021 年，浦发银行以"数据+技术"为动能，构建以客户、场景为中心的金融服务体系，用全面数字化挖掘经营潜能，推动"面向全用户、贯穿全时域、提供全服务、实现全智联"的"全景银行"建设进入新阶段。

（六）中信银行

1. 2019 年，中信银行高起点、高标准加速推进顶层设计，进行了

2021—2023 年新三年发展规划，制定了数字化转型的核心战略。该规划明确了建设商业级敏捷体系，通过创新的组织融合模式打破部门间、条线间的组织边界，彻底改变业务与科技"两张皮"的状况。

2. 2019 年下半年起，中信银行着手构建线上渠道运营体系，研究并尝试开通官方抖音账号、央视频号以及手机银行直播间等工具，取得突出效果。

3. 2019 年，中信银行交易银行部成立。为更好地满足数字化转型时代下银行业务发展需要，中信银行加快推进科技与业务融合，仅一年半时间打造了包含 30 余项线上化、平台化的交易银行产品体系，服务覆盖客户全产业链条、全生产经营场景，实现了从线下到线上、从结算到融资、从财务端到客户端、从客户到行业的综合服务能力的提升。

4. 2021 年，中信银行发布《数字化转型实施方案》，在信息技术管理部设立数字化转型办公室，由行长挂帅，各分管副行长担任各专题委员会负责人，统筹指挥和推进全行金融数字化转型升级。

5. 2021 年，中信银行正式出台《中信银行 2021—2023 年发展规划》和"342 强核行动方案"，明确将金融科技作为全行创新发展的重要突破口，推动数字化转型。

6. 2022 年 4 月 22 日，基于中信银行绿色金融体系打造的个人碳普惠平台——"中信碳账户"正式上线。同期，中信银行"绿·信·汇"低碳生态平台正式启动。

7. 2022 年 8 月 19 日，中信银行向市场隆重推出"交易+2.0"生态体系。"交易+2.0"是中信银行在新发展格局下，践行国有金融企业使命担当，全力以赴稳住经济大盘、服务实体经济的主动作为，也是中信银行以数字化转型提升金融服务质效、推动实体企业高质量发展的重要支撑。

8. 2022 年，中信银行完成科技条线组织架构调整，在原有架构基础上形成了"一部三中心"的架构，即信息技术管理部、软件开发中心、大数据中心、科技运营中心。

（七）华夏银行

1. 2017 年，华夏银行提出了打造以实时互联、自然交互、数据驱动、深度智能为特征的"智慧金融、数字华夏"愿景，确立了整体数字化转型与互联网银行平台创新双轮驱动策略。

2. 2018 年，华夏银行以零售业务数字化转型为主，启动数字化流程再造工程，力求实现业务全流程的数字化、线上化与自动化。

3. 2019 年，华夏银行设立并启用金融科技创新基金，实施金融科技创新孵化项目，设立金融科技创新风险准备金，完善创新容错机制。

4. 2020 年，华夏银行成立数字化转型工作推进办公室，统筹推进全行数字化转型机制建设，夯实数字化转型基础，依托"一部六中心"，构建覆盖信息科技全生命周期的闭环管理体系，开展项目全流程优化提速和敏捷研发试点。

5. 2021 年，华夏银行制定数字科技转型五年行动方案，坚持"智慧金融、数字华夏"战略愿景，以"一流智慧生态银行"为目标，实施数据治理等七大工程，建立激励容错等六大机制，打造企业级敏捷组织体系，成立"两组两委"，即数字化转型工作领导小组、禹治工程领导小组、创新委、裁决委。

6. 2022 年，华夏银行携手北京量子信息科学研究院、清华大学、龙盈智达（北京）科技有限公司共同开展了量子直接通信技术创新及其在银行业务领域中的应用项目。

（八）中国民生银行

1. 2019 年，民生银行定位"科技引领，数字民生"的战略愿景，围绕"金融+互联网"和"互联网+金融"两大发展模式，主动转型科技架构，构建场景金融中台服务体系，聚焦重点业务领域，加速科技从支撑业务的生产工具到业务创新源动力的变革。

2. 2020 年，民生银行实施全方位数字化创新改造，以零售业务作为数字化转型重点，打造敏捷高效、体验极致的数字化银行。

3. 2021 年，民生银行以"打造敏捷高效、体验极致、价值成长的数字化银行"为目标，全面推进数字化转型，成立数字化金融转型牵头部门——生态金融部，启动多个重大生态金融项目，建立敏捷创新机制和配套支持机制，生态银行、智慧银行实现重点突破。推进"企业级"业务系统架构，搭建一体化运营中台，强化数据治理与应用，打造敏捷组织和创新文化，夯实数字化转型基础。

（九）广发银行

1. 2014 年，广发银行逐步建立"X86 云""小型机云""存储云"等，并实现了大规模的应用。这也使得其数据中心自广州顺利迁移至南海。

2. 2020 年，广发银行将科技赋能提升到战略高度，明确"数字广发"建设目标，设立专项创新基金，鼓励全行开展科技创新，建立科技业务合作伙伴机制，促进科技与业务更好地融合。

3. 2020 年，广发银行建设了多云管理平台，在技术上做好管理公有云的准备，以便未来公有云落地后，能够快速使用、高效管理。并且，私有云技术在不断地实现国产化，通过多云管理平台可以对国产云、容器云等实现统一的管理和调度。

4. 2021 年，广发银行全面推进数字化转型升级，强化"科技引领"主线，贯彻"科技赋能"发展动能，将数字技术全面应用于服务、营销、产品、经营、风控等各个领域。

5. 2021 年，广发银行上线的新版广发商城，是首个自主研发的分布式微服务云应用，支持瞬时高并发活动开展，实现资源弹性扩容。平台采用 B2B2C 运营模式，有效整合产品供应链和零售营销场景，并运用大数据技术深度挖掘客户诉求，进一步提升精准营销能力。

（十）浙商银行

2021 年，浙商银行以融入浙江省数字化改革大局为契机，成立数字化转型战略委员会，迭代升级数字化转型架构，强化技术和数据双轮驱动，体系化推进技术、架构、场景、机制、生态等方面重塑，按照"坚持一个定位、构建两大能力、完善三大体系、服务四大方向、全面赋能五大业务板块"的"12345"的布局，推动金融科技发展。

（十一）渤海银行

1. 2020 年，渤海银行加速构建"有温度的敏捷银行"，加大科技赋能，实现客户、营销、产品设计、科技、研发、风险控制平行作业，打造敏捷、开放、共享、共治的大中台开放生态银行组织模式。

2. 2021 年，渤海银行开启"线上化、数据化、智能化"的"三步走"模式，将金融科技体系定位于强化科技赋能，驱动"轻前台、快中台、强后台"全方位数字化转型，创新研发体系，定位于以创新驱动发展，打造灵活的产品体系和敏捷创新银行。

3. 2022 年 12 月，渤海银行获中国银行业协会准入，成功接入银行函证区块链服务平台，首笔数字银行询证函已在该银行北京分行顺利完成回函处理。

（十二）恒丰银行

2021 年，恒丰银行正式对外发布"建设一流数字化敏捷银行"新战略，明确未来 5 年以及到 2035 年全面推进数字化转型的时间表与路线图，成立"一院两办"——数字银行研究院、数字银行办公室和敏捷组织办公室，有序推进"大运营"集中，着手构建数字化转型所深度依赖的强大运营后台、高效业务中台，努力打造一个与金融科技深度融合、与创新发展要求高度适应的敏捷组织。

三、城市商业银行

（一）江苏银行

1. 2013 年，江苏银行启动大数据建设，实施智慧化战略，强化科技基础能力建设。

2. 2015 年，江苏银行推进大数据人工智能工作，建设"智慧风控、智慧营销、智慧管理、智慧运营"的智慧银行体系。

3. 2016 年，江苏银行明确"致力于打造最具互联网大数据基因的银行"，推出区块链品牌"苏银链"产品。

4. 2017 年，江苏银行开展云平台建设，加快金融科技全面应用，推进线上化产品创新。

5. 2018 年，江苏银行推动业务与科技融合，开展场景生态建设，深化产品创新，探索流程优化，实施智慧金融进化工程。

6. 2018 年，江苏银行在业内首创"爱学习"智慧教育服务，为家长、教师及学校财务三种不同角色定制了专属解决方案，全面支持缴费管理、校务管理、家校互动等功能。

7. 2020 年，江苏银行借鉴互联网及网贷模式成功经验，打造"随 e 融"产品。其中，为企业提供一站式、全线上的融资服务"经营随 e 贷"，融合了税 e 融网贷等多个爆款信用类和抵押类产品，以一款产品满足客户各类需求。

8.2022 年，江苏银行以数智化建设集聚发展新动能，推进科技赋能，实现"三转变一自主"，进一步推动业务与科技相互融合。

（二）南京银行

1.2015 年 1 月，南京银行启动第二代核心系统建设，并于 2016 年中上线。由于历史原因，第二代核心系统仍然沿用集中式架构。

2.2016 年，南京银行完成新一代核心系统建设，为业务发展和后续系统建设夯实了基础。

3.2017 年初，南京银行总结近年来行业内类似项目的成败经验，确定"双模运行"原则，即保留银行可靠稳定的传统核心系统，同时采用业界成熟可信的分布式架构技术搭建互金平台，建立一个更开放、灵活、松耦合、高性能、易扩展的第二核心。

4.2017 年 11 月 18 日，南京银行与阿里云、蚂蚁金服开展战略合作，完成国内第一家分布式核心业务系统——"鑫云+"互联网金融平台建设。该平台通过 OPENAPI、SDK、H5 等方式，将南京银行直销银行、网上银行、网络贷款、统一支付网关、现金管理等产品资源整合，搭建包括账户、支付、投资、融资、数据、企业服务等金融服务能力于一体的综合化开放平台。基于开放平台所提供的所有接口，外部开发者可根据客户个性化需求自行定制相关引用并发布。

5.2018 年，南京银行成立数字银行管理部，推动全行数字化转型，以建设"智慧银行"为目标，遵循"数据—信息—商业智能—价值"的转型路径，实施"业务数据化、数据场景化、场景智能化"三步走战略。

（三）北京银行

1.2019 年，北京银行召开数字化转型大会，制定数字化转型"三年行动规划"。

2.2020 年，北京银行探索形成了"1+3+1"的高效协同科技治理格局，全方位打造"数字京行"，成立金融创新实验室，统筹开启数字化转型规划，启动"京匠工程"十大项目群建设。

3.2021 年，北京银行以数字化转型统领"发展模式、业务结构、客户结构、营运能力、管理模式"五大转型,将核心系统升级改造作为 2021 年 1 号工程("211 工程"),成立"211 工程"架构管理办公室,统筹全行跨条线、跨系统问题,打破部门壁垒和系统竖井。在顶层设计指导下,着力构建起具有北京银行特色、支撑数字化转型的企业级业务架构体系,持续夯实科技实力、优化业务流程、提升运营能力、强化风险控制、丰富场景生态,向"数字京行"的发展愿景加速迈进。

4. 2022 年 6 月 22 日,北京银行发布"数字人民币+碳账户"的金融服务品牌"京碳宝"。

(四)杭州银行

1. 2016 年,杭州银行在五年规划中提出"六六战略",正式拉开数字化转型序幕,并逐步明确了"建设一个目标体系、确立双驱发展模式"的转型发展之"道"和"3+N"的数字创新之"术"。

2. 2021 年,杭州银行制定新一轮五年规划,将数字化转型上升为全行的核心发展战略,提出"数智杭银"建设计划,着力通过构建"4+3+2 体系"推进全行数字化转型。

(五)长沙银行

2019 年是长沙银行的"数字驱动元年",该银行逐步明确了"16213+"(一组云数据中心、六大中台、双网双柜、一个智能营销平台、三大生态以及基于金融科技的若干创新应用)的数字化转型体系架构。

(六)宁波银行

1. 2012 年,宁波银行建立数据中心,逐步推动大数据平台上线。

2. 2013 年,宁波银行制定企业级数据标准,开展数据治理。

3. 2018 年,宁波银行推进组织转型,在各业务部门成立 IT 支持部。

4. 2019 年,宁波银行探索人工智能、知识图谱等先进技术的落地应用。

5. 2020 年,宁波银行制定智慧银行战略。

6. 2021 年底,宁波银行个人银行 App 2022 版全新升级,凭借"开放+、智能+、陪伴+"三大特色,以科技为客户赋能,用专业创造价值。与此同时上线的还有宁波银行财富开放平台,延续财富管理"严选"态度,宁波银行选择头部资管机构合作,为客户提供专业的产品和服务。

（七）河北银行

1. 2016 年，河北银行启动数字化转型，以科技协同发展战略规划为起点，逐渐将大数据、云计算、人工智能等新技术应用在信息化建设中，走上了以科技力量为依托，引领业务和流程创新的数字化转型之路。

2. 2018 年，河北银行开始推进智能网点转型，推进其从传统银行网点向银行网点体验化、社交化的转变。

（八）西安银行

1. 2017 年，西安银行将数字化转型作为战略方向，以提升数字化运营效能为着力点，以数字化银行和银行数字化为创新发展的主线条和主基调，进行了从架构到业务的多维度调整。

2. 2021 年，西安银行借助数字人民币先发优势，搭建数字人民币全功能场景，开拓西安首个数字人民币示范步行街区大唐不夜城步行街、全国首个数字人民币出租车收款服务等多个本地特色场景。

（九）上海银行

2021 年，上海银行启动了敏捷转型与研发管理数字化工程，打造数字化管理流水线，推广端到端规模化敏捷交付实践，逐步形成了支撑业务快速实现的数据驱动管理模式。

（十）泰隆银行

1. 2015 年，泰隆银行开始着手建立"金融科技+信贷流程再造"双轮齐驱的新作业模式——信贷工厂。

2. 2016 年，泰隆银行信贷工厂逐步实现了传统线下信贷作业与线上移动作业模式的融合。客户经理用一台 Pad，可完成 90% 以上的常规性综合业务，如开卡、激活、办理结算、签约、发放贷款等金融服务，极大地提升了客户经理的工作效率，扩大了客户经理的服务覆盖面。

（十一）汉口银行

1. 2022 年 12 月，汉口银行潜心打造的"企银易家"平台正式上线投产，"企银易家"平台的推出是汉口银行深入推进数字化转型的一次创新实践。

2. 2023 年 1 月 9 日，汉口银行金融科技基地、远程银行及信息科技研发中心在该银行光谷数据中心正式揭牌成立。

四、民营银行

网商银行

1. 2014 年 9 月 26 日，网商银行筹建申请获批。该银行采用自主研发技术路线和先进的云计算架构，放弃外购核心系统方案，将银行核心系统建在云上。

2. 2015 年 6 月 25 日，网商银行正式开业，全球首家云上银行投产。此后，该银行陆续推出集成生物识别等 eKYC 技术的网商银行 App、基于大数据智能风控体系、面向小微企业的"310"模式的网商贷产品，其中"310"贷款模式成为行业标杆。

3. 2017 年，网商银行全面应用国产分布式数据库 OceanBase，在银行业界率先实现了 100% 去 IOE 和自主可控；同年，全面建成数据库"三地五中心"架构，城市级别灾难 RPO 为 0。

4. 2018 年 10 月，"异地多活"架构投产，网商银行具备了"随时随地、按需扩容、随时切换"的全业务容灾和应急响应能力，达到了 RPO 为 0、RTO 为数分钟的银行业界最高容灾等级标准。该技术架构体系在行业中处于国际领先水平，同时也为银行业从传统 IOE 架构体系向分布式云计算体系的转型和持续演进提供了示范案例。

5. 2018 年，网商银行智能营销体系建立，通过引入大数据分析，全面解读客户的行为、关系网络，"绘制"客户画像，再根据产品特性、服务内容、客户习惯等进行深度挖掘，在不同的商业场景中，向不同的客户推荐不同的产品和服务内容，实现千人千面的个性化智能服务和精准触达，极大地提升了营销的效率和客户的体验。

6. 2018 年，银河托管云投产，网商银行开始向中小银行、信托等金融机构提供专业的应用系统托管服务，有力地支持了中小银行对小微商户的服务，实现了普惠金融的目标。

7. 2018 年 9 月，网商银行与蚂蚁区块链合作的"双链通"供应链金融平台上线。

8. 2019 年 10 月，网商银行持续演进的云单元技术架构体系，荣获中国人民银行颁发的"银行科技发展奖"二等奖，该奖项相关技术代表了业内最先进的业务连续性保障水平。

9. 2019 年，AI 技术应用全面开花，网商银行陆续推出"智能资产负债管理""智能同业交易机器人"等系统，网商银行同业业务全面进入智能化时代。其中，智能同业交易机器人项目当年荣获中国外汇交易中心颁发的"2019 银行间市场金融科技创新大赛最具潜力奖"。

10. 2019 年 10 月，网商银行基于区块链、大数据风控的网络货运平台投产，在合肥试点成功，目标是为 3000 万名卡车司机和数万家小微物流企业提供"310"模式的普惠金融服务，当年获得中国计算机用户协会云应用分会颁发的"云鹰奖"优秀奖。

11. 2019 年 11 月，网商银行混合云弹性架构投产。该架构进一步使网商银行成为首家具备跨多朵云形成"一台计算机"支撑核心业务的银行。

12. 2020 年 5 月，网商银行采用卫星遥感和人工智能技术的"亿亩田"项目投产试点。卫星遥感技术有望成为解决农村贷款难问题的一把钥匙。

13. 2020 年，网商银行成为首家"在可信云原生架构之上的银行"，基础设施迭代效率及资源利用率显著提升，可信级纵深防御能力建立，大幅增强了金融级安全防御能力。

第三部分　中原银行数字化转型大事记

一、转型探索期

（一）顶层设计阶段

1. 2017 年 11 月，启动数字化转型顶层咨询项目。

2. 2018 年 2 月，全行数字化转型规划工作完成。

3. 2018 年 3 月，考察荷兰 ING 银行，进一步坚定数字化转型的信心。

4. 2018 年 4 月，组织"丹麦、荷兰敏捷组织考察报告"会议，向全行干部员工分享对敏捷银行转型的认识。

（二）"一阶段"转型项目落地实施阶段

1. 2018 年 5 月，数字化转型誓师大会顺利召开，"一阶段"转型项目正式启动。

2. 2018 年 7 月，一期部落（场景开发运营部落、大众客户部落、财富与私人银行部落、零售产品部落、渠道管理部落、零售综合部落）的顶层设计完成。

3. 2018 年 9 月，一期部落开始试运行。

4. 2018 年 12 月，二期部落（零售信贷部落、惠农金融部落）的顶层设计完成。

5. 2019 年 1 月，二期部落开始试运行，同时启动分支行组织架构的转型，并逐步深化各项机制建设。

6. 2019 年 3 月，举办"走进中原银行，打造数字化未来银行"活动，来自 93 家银行的代表走进中原银行敏捷中心，现场观摩中原银行的转型实践。

7. 2019 年 5 月，"一阶段"数字化转型工作基本完成。

（三）"二阶段"转型项目落地实施阶段

1. 2019 年 7 月，战略转型办公室从战略发展部独立出来成为一级部门，统筹负责全行数字化转型推动及管理工作。

2. 2019 年 8 月，数字化转型"二阶段"项目启动会顺利召开，围绕数据驱动营销、产品创设、总分支联动营销等 7 个项目模块继续推动全面的数字化转型。

3. 2019 年 10 月，总分支联动数字化营销体系试点分行开启竞标工作，并逐步进入分行试点运行阶段。

4. 2019 年 12 月，试点分行完成验收，举行首批全行推广竞标会，正式进入全行推广。

5. 2019 年 12 月，中原银行首届"智汇中原"创新大赛正式启动。

6. 2019 年 12 月，中原银行举办"数字经济与商业银行转型高峰论坛"，众多金融家、财媒大咖和学者等 500 余位嘉宾参加盛会。

7. 2020 年 1 月，开展总分支联动数字化营销体系第二批推广工作，实现辖内全行所有网点的推广运行。

8. 2020 年 1 月，中原银行数字化转型项目入选中国人民银行《金融电子化》杂志 2019 年金融信息化 10 件大事，成为活动举办以来首家入选的中小银行案例。

9. 2020 年 4 月，历时 5 个月的首届"智汇中原"创新大赛决赛成功举办，"乡村在线"平台荣获一等奖。

10. 2020 年 5 月，中原银行成立数字化转型工作领导小组，明确领导小组成员及工作职责。

11. 2020 年 6 月，福布斯发布 2020 年世界最佳银行名单，凭借数字化转型方面的突出成果和较高的客户满意度，中原银行位列中国区域第 3 名。

12. 2020 年 8 月，大河财富论坛、中原金融大讲堂等高峰论坛邀请中原银行领导分享中原银行数字化转型实践及成效。

13. 2020 年 9 月，数字化转型"二阶段"项目结项会顺利召开，对二阶段转型工作进行总结复盘。

14. 2020 年 9 月，中原银行荣获中国社会科学院金融研究所等机构联合举办的"2020 中国金融创新奖——十佳金融科技创新奖"。

15. 2020 年 9 月，中原银行作为主导行，联合 28 家中小金融机构在苏州牵头成立亚联盟金融科技委员会。

16. 2020 年 9 月，中国人民银行科技司司长李伟带队参访中原银行景峰敏捷中心，对中原银行的数字化转型实践给予肯定。

17. 2020 年 9 月，由平安银行、厦门银行、廊坊银行、南粤银行、新网银行等 15 家中小银行组成的数字化转型标杆银行考察团来中原银行考察交流。

18. 2020 年 10 月，中原银行凭借"一区一码疫情登记及社区出入管理系统"荣获河南省抗击新冠肺炎疫情先进集体，成为全省金融界唯一获勋的集体。

19. 2020 年 10 月，举行自主实施项目总结复盘会，"二阶段"数字化转型工作基本完成。

（四）"三阶段"转型项目落地实施阶段

1. 2020 年 11 月，正式启动数字化转型"三阶段"项目规划工作。

2. 2020 年 11 月，中原银行新一代信贷业务平台荣膺 Info Q 发布的 2020 年中国技术力量年度榜单"十大云原生行业落地典范"，成为唯一一家获奖的金融机构。

3. 2020 年 11 月，中原银行设立创新条线，成立金融创新部，不断深化数字应用能力，推进金融产品创新。

4. 2020 年 12 月，从"深化敏捷、提升产能，补齐短板、提升能力，探索模式创新、打造第二曲线"三个方面完成"三阶段"转型项目的规划设计。

5. 2020 年 12 月，中原银行 DevOps 平台被中国信息通信研究院评估认证为"优秀级"，达到国内领先水平。

6. 2021 年 2 月，中原银行受邀参加《关于促进银行业保险业数字化转型的指导意见》文件的编写。

7. 2021 年 2 月，数字化转型"三阶段"项目启动会顺利召开。

8. 2021 年 4 月，中原银行赴昆山农商行完成数字化转型辅导，落地首单数字化转型咨询输出项目。

9. 2021 年 5 月，中原银行因在数字化转型方面成绩卓著，在首届中国（天津）数字金融高峰论坛上荣获"2020 金融机构数字化转型卓越奖"。

10. 2021 年 6 月，中原银行自主实施的集模型资产管理、流程管理、部署应用和监控预警四大功能为一体的模型管理平台 MVP 版本实现上线应用。

11. 2021 年 7 月，总分支三级机构以"以客户为中心"为主题，在中原银行年中工作会议上专题介绍了中原银行数字化转型的工作进展及成效。

12. 2021 年 9 月，中原银行与阿里云、埃森哲联合发布《区域性银行数字新生态建设调研报告》。

13. 2021 年 9 月，中原银行模型管理平台先后荣获中国计算机协会举办的"2021 年银行数字化转型星耀项目优秀成果奖"和《金融电子化》杂志举办的"2021 金融业新技术应用创新突出贡献奖"等殊荣。

14. 2021 年 10 月，数字化转型"三阶段"转型项目结项会顺利召开。

二、转型深化期

1. 2021 年 11 月，启动新中原"理念转型、业务转型、数智转型、作风转型"四大转型规划，并完成多次专题汇报。

2. 2021 年 12 月，举行中原银行数智转型启动会，明确了 2022 年公司、零售、风险、科创四个条线共计 20 个数智转型项目。

3. 2022 年 3 月，完成中原银行零售及公司业务诊断和风险管理现状诊断，并作专题汇报。

4. 2022 年 6 月，举行中原银行数智转型阶段工作汇报会。

5. 2022 年 8 月，中原银行荣获第七届亚太银行数字化创新"华鹰奖"财富管理、智能风控、场景金融创新等多个奖项。

6. 2022 年 10 月，成立数智转型规划工作专班，举行数智转型规划工作启动会。

7. 2022 年 10 月，成立中原银行数智转型工作领导小组，常设办公室在数智金融创新实验室，明确领导小组的工作职责和沟通机制。

8. 2022 年 12 月，完成中原银行三年数智转型蓝图规划，明确了以"一点通、智相随"为核心的"1234+N"的数智转型蓝图规划，并细化形成了 2023 年数智转型项目安排和工作事项，获得总行行办会审议通过。

9. 2023 年 1 月，中原银行顺利举办 2023 年转型发展脑洞会，聚焦数智转型，向全行宣导"1234+N"的数智转型蓝图规划。

10. 2023 年 2 月，举行 2023 年数智转型项目启动会，正式拉开中原银行新一阶段的数智转型工作。

11. 2023 年 2 月，中原银行组织举办"中原金融论坛——数字经济和银行业数字化转型"专题论坛，邀请银行业协会、先进同业、波士顿咨询、德勤、阿里云等公司专家现场交流商业银行数字化转型之道。

后　记

　　书稿完成之后，我却没有预期的喜悦，也没有完成任务后的轻松。

　　近期，ChatGPT 等生成式 AI 让银行业数字化的应用和推广又有了新的内容和期待，但是对银行人而言也有了更多的压力：一是人工智能技术的进步速度太快了，不久前 GPT 看起来还傻傻的，转眼间 GPT-4 在某些方面就能与人的智商相媲美了。二是银行的一些岗位，会不会很快就被人工智能所替代？三是大型商业银行的数字化转型规划细致、投入巨大、成效显著，数字化应用已经成为经营的常态，而中小商业银行的数字化还处于持续的转型之中，理念认知、实施效果的差距越来越大，转型之路也越来越长。

　　中国银行业要在中国式现代化建设中发挥更好作用，数字化是必由之路。一是数字化能够提高服务能力，降低普惠金融成本，拓宽金融服务渠道，建立金融融合发展生态；二是数字化能够提升风险管理能力，通过模型对多维度数据进行分析，实时、准确地判断风险状况，并采取措施进行管理，可以更好地发挥银行有效配置资金的效能；三是随着各行各业数字生态的完善，没有进行数字化转型的银行将被边缘化。尽管如此，在实践中，仍有一些中小商业银行的决策者固守线下服务的思维逻辑，不愿或不能理解数字化的经营模式，数字化转型只体现在口头上，对数字化的业务模式不研究、不投入、不推动，导致发展举步维艰，盈利越来越难；还有一些中小商业银行在推动数字化转型过程中，发现投入越来越大，效果却未达预期，对经营业绩的支撑也不明显，转型又带来经营管理的新问题，因此对转型产生了怀疑，转型步伐放缓或者停滞。

　　为什么中小商业银行的决策者对数字化转型有不同的认知？我认为主要有以下几个方面的原因：第一，考核机制使中小商业银行的决策者更加关注当期的业绩、定量的指标。考核是指挥棒，针对中小商业银行高管层的考核体系主要包含规模、利润、资本收益率、不良资产等定量指标，这些定量指标实际上就是当期的业绩，而对战略方向、业务模式、科技能力、队伍建设等决定商业银行未来持续发展能力的因素关注度不够，导致高管层更多关心定量指标和当期业绩，不够重视长期主义。第二，银行业仍然有追求规模的偏好和冲动。一直以来，规模象征着市场地位，中国银行业都以大为荣，规模优先，所以，市场定位、业务模式、服务能力、资源配置均服务于如何做大规模，而对零售业务、小微业务等需要数字化支撑的客户群体重视程度不够。第三，追求大而全、小而全，缺乏特色化。中小商业银行的战略、客群、产品、运营差异化不大，在推进数字化时也是面面俱到，导致资源"撒胡椒面"，无法形成集中效应，这也是其数字化转型投入不少、效果却不好的原因之一。

中小商业银行数字化转型应如何推进？一要结合战略，坚持业务导向。项目要能看到效果，最好是实现速赢；从业务的痛点出发，切实解决业务问题，这样大家看到了具体效果，才能发挥示范效应、激励作用，也能让数字化转型的决策者和实施者坚定信心。二要确定阶段性目标，久久为功，不要贪大求全。每年明确几个项目，解决几个问题，积累几年，就会有显著的成效。三要形成经营特色。通过数字化，为一些行业、客群和场景提供定制化的服务，不断优化服务方案，提升客户黏性。四要开放心态，与有服务能力的伙伴合作，形成业务生态，打造开放银行模式。五要强化资源配置。数字化是需要投入的，这既是当期业绩的实现方式，更是未来业绩的支持点，所以要适当降低当期收益测算的标准，在财务成本能够允许的情况下，尽力多投入、早投入。

未来的世界是数字化的世界，数字化是中小商业银行赢得未来的关键。基于一种责任，我和我的同事们积极地推动数字化转型，这是本书产生的基础。本书的出版，得到了许多师长、同学、同事的帮助，中南财经政法大学的朱新蓉教授、宋清华教授给予我很多鼓励；我的同学李树林、冀志斌等经常与我一起探讨转型逻辑；我的同事郭蕾、杨涛、王愿生、万平、杜颖奎等帮助整理文档、提供案例、梳理思路。我对他们的付出表示真诚感谢！由于本人能力所限，本书难免存在错误及疏漏之处，诚请广大读者不吝赐教与斧正。

我将一直关注中小银行的数字化转型进程，并坚信一定能够成功！

2023 年 4 月 7 日